Nah Kin

Lebe die Göttin in dir

Nah Kin

Lebe die Göttin in dir

Das Erwachen der Weiblichkeit im neuen Zeitalter

KOHA

Wichtiger Hinweis

Die im Buch veröffentlichten Ratschläge wurden von Verfasser und Verlag sorgfältig erarbeitet und geprüft. Eine Garantie kann dennoch nicht übernommen werden. Ebenso ist die Haftung des Verfassers bzw. des Verlages und seiner Beauftragten für Personen-, Sach- und Vermögensschäden ausgeschlossen.

Titel der mexikanischen Originalausgabe
»La Diosa Vivente«

Übersetzung aus dem Spanischen: Prof. Dr. Irmela Neu
Lektorat: Birgit-Inga Weber
Umschlag: Lisa Sprissler
Illustrationen: Stefan Stutz
Gesamtherstellung: Karin Schnellbach
Druck: CPI, Moravia
ISBN 978-3-86728-101-0

Inhalt

Anmerkung der Übersetzerin

Das Buch von Nah Kin über die wahre Weiblichkeit der Frauen erklärt das heilige überlieferte Wissen der Maya und jenes Wissen aus der geistigen Welt des Sonnenbewusstseins, das Nah Kin für diese wichtige Übergangszeit der Menschheit vermittelt wurde.

In der Weltsicht der Maya-Weisen sind wir alle im göttlichen Geist miteinander verbunden. Das Göttliche teilt sich auf der Erde in zwei Pole: den männlichen und den weiblichen. Die Rolle der Frau entspricht der weiblichen Energieform, die in diesem Buch in ihrer wahren ursprünglichen Natur von Nah Kin erklärt wird.

Hier wendet sich Nah Kin an die Frauen der ganzen Welt. Mögen die Leserinnen und Leser das Buch aus dieser Perspektive zur Hand nehmen.

Die bildliche, ja zuweilen euphorische Sprache führt uns in die Einheit von Denken und Fühlen. Bei der Übersetzung stand der Wunsch im Vordergrund, dieser Kombination auch im Deutschen Ausdruck zu verleihen.

Vorwort

Dieses Buch basiert auf der Weisheit unserer Ahnen, die uns die Göttin Ixchel übermittelt; in der Kultur der Maya stellt sie die heiligen weiblichen Eigenschaften dar und bringt uns in Verbindung mit unserem weiblichen Wesenskern, mit der Essenz des Frauseins.

Vielleicht sind den Frauen in Europa einige Begriffe weniger vertraut als vielen Menschen in den vorspanischen Kulturen von Lateinamerika, wo sie ganz geläufig sind. Nachfolgend deshalb einige Begriffserläuterungen:

Göttin

Meint die Ausdrucksform aller höheren weiblichen Eigenschaften und Fähigkeiten, die Anwesenheit der Vollendung und damit Verkörperung dessen, was wir als Frau erreichen können. Der Ausdruck »lebende Göttin« bezieht sich auf die Göttin in uns, denn jeder Frau ist das Potenzial zu eigen, sich in ein göttliches Wesen zu verwandeln, das die höchsten geistigen Fähigkeiten in ihr Leben bringt. Wir erkennen an, dass in unserem weiblichen Körper eine göttliche Intelligenz vorhanden ist, die aus Liebe in ihrer reinsten und höchsten Form besteht.

Mutter

Mutterschaft ist nicht unbedingt daran geknüpft, eigene Kinder zu haben und großzuziehen. Vielmehr bezieht sich das Muttersein darauf, den erlesenen Strom unserer Weiblichkeit zum Fließen zu bringen.

Gemeint ist die Fähigkeit, eine nährende, verständnisvolle und heilende Liebe zum Ausdruck zu bringen, die alle Lebewesen mit dem liebevollen Mantel mütterlicher Liebe umhüllt. Mutter zu sein ist eine der Frau innewohnende Fähigkeit: liebevolle, mitfühlende Hingabe und Freude am Teilen.

Die weise ältere Frau

In den vorspanischen Kulturen ist damit die Trägerin der Weisheit gemeint, deren jahrelange Erfahrungen zu einer Ausreifung in der Kunst des Liebens führten. Die reife Frau hat tiefe und intuitive Kenntnisse über das Leben erworben und gelernt, ihre Fähigkeiten der außersinnlichen Wahrnehmung zu schärfen; sie ist also zu einer empfindsamen, intuitiven, hellsichtigen Frau – kurzum: zu einer Weisen geworden.

Die weise alte Frau: die »Großmutter«

Der Begriff »Großmutter« bekundet höchsten Respekt. Die weise alte Frau ist dieses Titels dank ihres langen Lebensweges würdig. Die jungen Leute suchen sie auf, wenn sie einen klugen Rat oder ausgewogene Beurteilungen erhalten möchten.

Alle diese Begriffe haben in der Kultur der Maya eine tief gehende Bedeutung und sollten in allen anderen Kulturen unseres Planeten zum Tragen kommen, damit die Frau wieder die Stellung einnehmen kann, die sie als Medizinfrau, als weise Frau, als Göttin innehat und der Menschheit des neuen Zeitalters schenkt.
Wir befinden uns in der Endphase eines langen Zyklus (ca. 26 000 Jahre), so wie es die weisen Maya bereits vorausgesagt hatten. Es steht heute mehr denn je an, dass die Frau zu ihrem

göttlichen Wesen zurückfindet, denn sie spielt eine herausragende Rolle für den für 2012 vorausgesagten Quantensprung in die neue Zeit. Mit ihrer Fähigkeit, bedingungslos zu lieben, kann sie die Menschheit auf eine höhere Seinsebene führen.

1

Die Rolle der Frau in der geschichtlichen Entwicklung

Die Weiblichkeit

In der Entwicklung der Menschheit gab es eine Zeit – das sogenannte Matriarchat –, in der die Gesellschaft die politische, soziale und religiöse Macht den Frauen übertragen hatte. Die ältesten Figuren, die je von Archäologen gefunden wurden, haben einen rundlichen Körperbau. Das lässt uns erahnen, wie groß die Verehrung der weiblichen Figur einst gewesen sein muss.

Die damaligen Gemeinschaften wurden von einer »Chefin« angeführt. Sie wurde aus einem Kreis von Frauen gewählt, dem sie aufs Tiefste verbunden war. Diese Frauengruppe bot ihr Sicherheit und eine Überlebenschance.

Die Gemeinschaften waren durch ein Gefühl des liebevollen Miteinanders verbunden. Alle Güter wurden gerecht verteilt und zum Wohl der Kinder eingesetzt. Durch die intensive Einheit mit den Naturkräften verfügten ihre Priesterinnen über mystische Kräfte. Sie standen in engem Kontakt mit den Elementen des Lebens, waren eins mit Wasser, Luft, Erde und Feuer und verehrten die Natur. Ihre starke Einheit brachte alles vollkommen zum Fließen und war geprägt durch ein harmonisches Gleichgewicht.

Der Mann hatte in der damaligen Gemeinschaft keine bedeutende Rolle. Seine Teilnahme beschränkte sich auf die Zeugung von Kindern und auf den Einsatz seiner körperlichen Kräfte bei der Arbeit. Alle Kinder waren direkte Nachkommen der Mutter. Sie wurden von ihr ohne Einbeziehung der väterlichen Linie erzogen. Die Männer legten ihren Samen in die weibliche Gebärmutter, so wie man einen Samen in die Erde legt. Allein die Tatsache, dass das Kind von der Mutter stammte, war wichtig. Die Arbeitskraft der Männer für den Unterhalt der Gemeinde war vergleichbar mit jener von »Lasttieren«. Mit anderen Worten: Angesichts der Überbetonung des Matriarchats gerieten die männlichen Werte in Verruf.

Wie immer gilt auch hier die Regel: Hält eine Gruppe die absolute Macht in Händen, dann ist es verständlich, dass sich die Gegenseite nicht mehr gleichberechtigt fühlt. Das führt zu Zorn, Frustration, dem Gefühl, ungerecht behandelt zu werden, Hoffungslosigkeit usw. Nachdem die Männer eine Zeit lang unter den oben erwähnten Umständen gelitten hatten, forderten sie die Gleichstellung und machten ihrem Zorn über die Unterdrückung Luft. Mittels ihrer körperlichen Kraft stürmten sie die Tempel der Göttin und zerstörten alles auf ihrem Weg. Sie vergewaltigten die Priesterinnen, ergriffen die politische und wirtschaftliche Macht und nahmen Frauen als Geiseln. Dieses rabiate Vorgehen war weltweit in allen Gemeinden anzutreffen. Alles, was die Göttin verherrlicht hatte, das Bild der Frau, wurde verzerrt und verfälscht. Das ging so weit, dass infolge der Machtübernahme alle Strukturen des Matriarchats zerstört wurden. Seit der Zeit galt die männliche Vorstellung als die einzig gültige. In einigen Teilen der Welt ist die Freiheit der Frau immer noch vollständig unterdrückt – durch Vergewaltigung im umfassendsten Sinn des Wortes.

Anstelle der weiblichen Religion und der Natur als ihrem Tempel wurden Heiligtümer eingerichtet, deren Gesetze, Normen und Lehren genaue Anweisungen für das menschliche Verhalten vorgaben. Der freie Geist, das immerwährende Gebet im täglichen Leben einer Frau waren von der Erde verbannt. In neuen »heiligen« Büchern wurde die Frau als giftiges, verlogenes Tier dargestellt, das die Männer ins Verderben führt. Sie galt als ein Wesen der Versuchung und des Bösen. Dieses Bild diente den Männern als Vorwand, um Frauen zu verletzen, zu demütigen und zu quälen. Frauen sollten fühlen, dass sie gleichsam seelenlos waren und keine geistigen Werte besaßen. Aufgrund dieser gewalttätigen Unterdrückung empfand die Frau nur Angst vor der männlichen Kraft und zog sich in den dunkelsten Winkel ihres Daseins zurück.

All das, was dem weiblichen Körper eigen ist – etwa die Menstruation, welche der Frau Licht und Leben bringt –, wurde mit Sünde, Schuld, Bestrafung in Verbindung gebracht und daher als »schmerzhaft« dargestellt. Dabei ist es ein natürlicher Lebensvorgang, der die Frau mit ihrer Weiblichkeit in Kontakt bringt; ein Erlebnis von Glückseligkeit und großer spiritueller Macht. Darüber hinaus wurde alles, was zur Entfaltung des weiblichen Wesens beigetragen hatte, rigoros beschnitten. Stattdessen wurden Behauptungen und Vorstellungen in Umlauf gebracht, die großen Schaden anrichteten und die wahre Natur des Frauseins jahrhundertelang verborgen hielten.

Frauen wurden – drastisch ausgedrückt – zum »Brutkasten« für die Kinder des Mannes. Mit der gesetzlichen Eheschließung wurden Frauen zum exklusiven Besitz ihres Mannes sowie seiner sexuellen Bedürfnisse. Nur die eheliche Verbindung legitimierte die Existenz eines Kindes; ein außereheliches Kind hatte einst keinen Wert.
Es mag einleuchten, dass die »Eroberung« eines weiblichen Körpers für Männer von Bedeutung ist, genauso wie die Sicherheit, dass es ihr Kind ist, um das sich die Frau kümmert bzw. das einmal sein Vermögen erben wird. Ohne eine deutlich sichtbare männliche Begleitung wurde eine schwangere Frau unweigerlich aus der Gemeinschaft ausgeschlossen, von ihr abgelehnt oder sogar als »vogelfrei« betrachtet: Ihr Kind war in Gefahr, ermordet zu werden.

In verschiedenen Gebieten entstanden Religionen, die den Frauen ein direktes Handeln untersagten und sie anwiesen, als bloße Zuschauerin den Ritualen beizuwohnen, die Männer ausführten. Männer hatten die alleinige Entscheidungsmacht und Führung inne. Die Frauen waren wie eine Herde Schafe, denen es gestattet war, den Ritualen und Zeremonien von Weitem zuzuschauen. Der Mystik der Frau, die ein Teil ihrer geistigen Feinfühligkeit ist, wurde keinerlei Beachtung geschenkt. Hingegen war man bald allgemein der Meinung, dass die Frau nicht in der Lage sei, ein hohes Priesteramt zu bekleiden bzw. heilige Zeremonien anzuleiten.

Jahrhunderte der Unterdrückung hinterließen uns Frauen ein verzerrtes Bild unserer eigenen weiblichen Fähigkeiten. Inzwischen sind wir so weit, dass wir uns nicht mehr wie selbstverständlich an sie erinnern. Stattdessen tragen unsere Geschlechtsgenossinnen noch in vielen Ländern die schwere Last der Ausgrenzung. Im Lauf der langen Zeit ist diese Bürde zu einem Leitsatz geworden, der in Vorschriften und Strukturen immer deutlicher zutage trat. Durch sie sind diese Frauen zu einer Schläfrigkeit verurteilt, die sich nur wenige abzuschütteln getrauen.

Man spricht heute zum Beispiel von Geburtsschmerzen, obwohl die Entbindung ein machtvoller natürlicher Vorgang ist. Sie vollzieht sich in vollkommener Harmonie mit dem weiblichen Körper, der für diese Aufgabe bestens ausgestattet ist. Ideal wäre es daher, wenn eine Geburt nicht in einem Krankenhaus stattfinden würde, sondern in einem Umfeld, in dem die Frau ihrer wahren Natur nahe ist. Das Ergebnis wären schmerzfreie, natürliche Geburten (siehe auch Kapitel 8 zum Thema »Schwangerschaft/Geburt«).

Aus Verfälschungen sind also Vorstellungen entstanden, die sowohl absurd als auch völlig unnötig sind.

Wir Frauen besitzen im Übrigen eine grenzenlose Durchhaltekraft bei der Arbeit und im Leben insgesamt. Das verleiht uns auch Ausdauer für jegliche Art von Anstrengung und hat nichts mit Handlungen aus brachialer Gewalt zu tun. Weibliche Ausdauer führt zu nachhaltigen Ergebnissen, die lang- und kurzfristig eine große Wirkung zeigen.

Frauen können ihre Aufmerksamkeit teilen; sie können verschiedene Tätigkeiten gleichzeitig ausführen, und zwar effizi-

ent. Die Frau ist ein leistungsstarkes Wesen. Zweifellos besitzt sie eine reflexive Intelligenz, die in der Fähigkeit zum Ausdruck kommt, dass sie sich auf verschiedene Dinge gleichzeitig konzentrieren kann. Die Frau ist ein sehr kluges Wesen und nennt ein besonderes Talent ihr Eigen: die Geduld. Dank dieser Tugend kann sie mit großen Informationsmengen gut umgehen: Sie nimmt sie in sich auf und verknüpft sie miteinander. Das macht ihr Denken vielschichtiger und stattet sie mit einem weiten Blickwinkel aus.
Durch die Gabe ihrer tiefen Feinfühligkeit kann sich eine Frau direkt mit ihrem Umfeld verbinden. Sie empfängt Informationen und überträgt eine bestimmte Schwingung. Dank ihrer Empfindsamkeit entstehen mehr Harmonie, Gefühl und Liebe in ihrem Umfeld. Diese Eigenschaft erhöht ihren Wert, statt ihn zu verringern.
Auch das Weinen ist eine kostbare Fähigkeit der weiblichen Energie. Mit den Tränen lösen sich zum Beispiel feindselige Gefühle. Das bringt wieder Ordnung in unsere Gefühlswelt. Wir weinen auch vor lauter Freude, Glücksgefühl und Rührung. Tränen sind ein gesundes Ausdrucksventil für unsere Empfindungen und Gefühle. Unsere Feinfühligkeit ist eine Bereicherung und schenkt unserem Leben Tiefe.

Die Frau ist also ein vollständiges Wesen mit Körper, Gefühlen und geistigem Leben. Wir sind nicht allein das Objekt der Begierde für den Mann. Unsere Beziehungen sind reich und intensiv und gehen weit über die körperliche sexuelle Anziehung hinaus.
Fortpflanzung gehört zu unseren naturgegebenen Lebensaufgaben. Dank unseres weiblichen Wesenskerns ist sie tief verbun-

den mit dem Gefühl von Liebe und Glückseligkeit. Sie macht uns zu Müttern – nicht allein von Kindern, sondern auch von Projekten und Ideen. Wir leben nicht nur, um Kinder zu pflegen, sondern auch, um unser Umfeld und die Gemeinschaft zu bereichern. Das ist nicht unbedingt auf ein paar wenige Menschen beschränkt; vielmehr sind wir auch in der Lage, große Gruppen anzuleiten. Die wichtige Eigenschaft, Mutter zu sein, können wir unbegrenzt einsetzen, um ein reicheres Leben zu führen, das weit über den geschlossenen Kreis der Familie hinausgeht. Eine Frau besitzt die Fähigkeit, ihren Geist auszudehnen und damit auch den Horizont ihres Daseins zu erweitern.

Für sämtliche Vorurteile über Frauen gäbe es also entlarvende Gegenargumente, aber weltweit auch genug Beispiele, dass Frauen, die sich von den Fesseln befreit haben, Großartiges leisten können. Die Glaubenssätze über Frauen, die ein beachtlicher Teil der männlichen Weltbevölkerung noch immer aufrechterhält, haben kein Fundament; sie sind Irrmeinungen – das Resultat der erklärten Absicht, die Dominanz beizubehalten und das Lebenslicht der Frau unter dem Scheffel zu halten oder – im schlimmsten Fall – sogar auszulöschen.
Wie wir jedoch gesehen haben und auch wissen, bildet die Frau eine vollständige Einheit, in der viele Kräfte zusammenfließen. Das Wesen »Frau«, das aus diesem Zusammenschluss hervorgeht, ist wunderbar, schöpferisch, leistungsfähig, lebendig, magisch.

Die Frauenbewegung

Wohlgemerkt: Gleichberechtigung in Bezug auf die menschliche Würde ist ein gesetzliches Recht, das sowohl für Männer als auch für Frauen gelten muss.
Nach Jahrhunderten der Unterdrückung versuchte die Frau, ihre Rolle in Gesellschaft, Wirtschaft und Politik wieder einzunehmen. Es entstand eine Frauenbewegung, die »eine Gleichberechtigung mit den Männern« suchte. Sie konzentrierte sich bei ihrem Kampf auf die Wiederherstellung von gleichberechtigten Lebens- und Arbeitsbedingungen, auf einen gleichen Rechtsstatus von Mann und Frau, auf die Schaffung gleicher Rechte am Arbeitsplatz, im Gesellschaftsleben, in der Politik sowie auf die Durchsetzung des Wahlrechts für Frauen in der Politik. Sie kämpfte um die Gleichstellung von Männern und Frauen.

Die Frauenbewegung hat dabei jedoch meines Erachtens ihre »weibliche« Seite aus den Augen verloren. Das verzerrte Frauenbild hat uns jahrhundertelang geprägt. Selbst wir Frauen können uns kaum mehr an die angeborenen Werte dessen erinnern, was uns ausmacht. Aus meiner Sicht kann es keine Gleichberechtigung im eigentlichen und ursprünglichen Sinn geben, denn die Lebensumstände einer Frau unterscheiden sich grundsätzlich von denen eines Mannes. Ihre Fähigkeit zur Fortpflanzung erschafft die ihrem Geschlecht entsprechenden Umstände, die bei einer männlichen Person nicht zur Debatte stehen.

In meiner Heimat gibt es überdies kein soziales Netz, das die berufliche Karriere und die familiären Verpflichtungen einer Frau glücklich unter einen Hut bringen würde. Ein Netz, das ihr das harmonische Gleichgewicht schenken könnte, um sich beruflich weiterzuentwickeln und gleichzeitig Haushalt und Familie ebenso liebevoll wie dauerhaft zu versorgen sowie glückliche, wohlerzogene und psychologisch gesunde Kinder großzuziehen.

Eine Erinnerung an unsere weibliche Natur muss also damit beginnen, dass wir erfahren, was uns als Frauen ausmacht. Begeben wir uns auf den Weg, jene Eigenschaften zu entdecken, die eng mit der Welt der Frau und ihren Lebensumständen verbunden sind.
Wir können nicht leichthin eine Gleichheit mit dem männlichen Geschlecht einfordern oder vorgeben. Tatsache ist, dass wir uns in unseren körperlichen Anlagen, in unseren Aufgaben und psychischen Gegebenheiten unterscheiden. Mann und Frau verhalten sich unterschiedlich gegenüber den vielfältigen Ereignissen im Leben. Nur wenn es uns gelingt, zu der Wahrheit unseres eigenen Wesens zurückzufinden, kann eine wirklich gleichberechtigte Gesellschaft entstehen, in der beide Pole hoch geachtet werden und gleichzeitig jeder seinen ihm eigenen Lebensweg geht. Dann können Frau und Mann ihre besten Qualitäten entwickeln.

Wir treten jetzt in eine neue Zeit ein, in der wir das soziale Ungleichgewicht loslassen müssen, dass eine Gruppe eine andere beherrscht. Während des Matriarchats knechtete die Frau den Mann, und in den Jahrhunderten danach war es umgekehrt. In dieser neuen Zeit müssen beide Kräftepole gemeinsame Sache machen und die jeweiligen Werte von beiden geachtet werden. Nur so kann eine Welt voller Schöpferkraft und Chancen ent-

stehen. Nur so können Erfahrungshorizont und Weisheit größer werden. Nur dann entfaltet sich eine Harmonie, die uns auf eine höhere seelische Ebene der Erfüllung führt.
Voraussetzung dafür ist das verstehende Wissen um das »Wesen Frau«, um das Fundament unserer weiblichen Natur. Erschaffen wir unsere eigene Wirklichkeit; nehmen wir unsere ursprüngliche Identität wieder an; befreien wir sie von allen alten Vorurteilen.

2

Die Schöpfung im Weltbild der Maya

Die Maya-Weisen erreichten ein sehr hohes, ganzheitliches Verständnis von der Schöpfung des Universums. Nach ihrer Vorstellung dehnt es sich auf viele Dimensionen aus, die miteinander in Verbindung stehen und gemeinsam eine vollkommene Einheit bilden. Das Vermächtnis dieser Weisheit wurde uns von den höchsten Maya-Priestern hinterlassen. Es öffnet unseren Geist – wir erahnen ein Universum, das sich ständig erneuert, das aktiv und interaktiv ist, schöpferisch, formbar und unendlich.

Die »kosmischen Maya« sind jene höheren Wesen, die ihre Fähigkeiten erweiterten, sodass sie den Pulsschlag des Universums vernehmen konnten; sie wussten, dass wir als Wesen, die in einem physischen Körper inkarniert sind, der göttlichen Essenz entstammen. Als »kosmische Maya« bezeichnen wir die Ethnie, die zur Zeit des Aufgestiegenen Meisters des Sonnenbewusstseins Kinich Ahau lebte und den Aufstieg zur Dimension des Sonnenbewusstseins vollzog. Die »kosmischen Maya« haben sich dann aus freien Stücken entschlossen, in einem höheren Bewusstseinszustand zu verweilen; nach wie vor stehen sie der Menschheit bei ihrer Höherentwicklung bei.
Als »kosmische Maya« bezeichnen wir auch all die Menschen,

die in ihrem Wesenskern Maya sind und die jetzt – in welchem Teil des Planeten Erde auch immer – wieder inkarniert und deshalb stark mit der spirituellen Weisheit der Maya verbunden sind. Sie leben als »kosmische Maya«, weil sie das Einheitsbewusstsein erreicht haben.

Im Rad der Weisheit der Maya sind die als absolut richtig erkannten Grundsätze für unser gesamtes Dasein abgebildet. Es handelt sich um gleichbleibend allgemeingültige Wahrheiten, die jederzeit und überall anwendbar sind. Das Tzolkin-Rad oder der heilige Kalender beginnt mit der Glyphe Imix, die den Beginn der Schöpfung aus Sicht der Maya darstellt. Imix ist die mütterliche Brust, denn die Verbindung zur Mutter ist unsere erste Beziehung zum Leben. Nach der Geburt ist die Muttermilch unsere erste Nahrung. Auch die Schöpfung ist aus der heiligen weiblichen Essenz entstanden, die ihr wie ein nährender Schoß Form und Masse gibt, damit sie sich verwirklichen kann. Diese enge Verbindung mit der Essenz der göttlichen Mutter ist in den tiefsten Schichten unserer Psyche wahrnehmbar. Die Göttin umhüllt die Schöpfung wie mit einem Mantel aus Licht und Liebe, schützt sie durch ihre Ausstrahlung und schenkt ihr die wichtigen Nährstoffe, die sie zur Stärkung benötigt.

Wir sind tief mit der Essenz des Weiblichen verbunden. Ausdruck findet dies in der liebevollen Verehrung von Jungfrauen, Müttern und Göttinnen. Das Phänomen der Verehrung für den weiblichen Schöpfungsaspekt ist in allen Kulturen vorhanden. Überall auf der Welt ist es üblich, diese heiligen weiblichen Wesen in mystischer Verehrung um Hilfe, Unterstützung oder Schutz zu bitten. Schon Kinder wenden sich an ihre Mutter – in vollkommenem Vertrauen, dass sie sich um ihre Bitte kümmert und ihre Bedürfnisse zufriedenstellt.

Diese Einheit mit dem heiligen weiblichen Wesen ist der Ursprung unseres eigenen Daseins. Sie ist der Ausgangspunkt für die Ausbildung unserer Psyche und hält die Verbindung zum schöpferischen Ursprung aufrecht.
Daher erreichten auch die großen Mystiker der Menschheit ihren entrückten Zustand, wenn sie sich mit dem weiblichen Aspekt Gottes verbanden: mit der göttlichen Mutter, der Jungfrau (im Katholizismus), den Göttinnen (im Hinduismus und in anderen Religionen). Dies ist die Natur unseres Wesens, und mit dieser Liebe zu allem Weiblichen weben wir aufs Neue das ursprüngliche Band, das uns schon von Geburt an verliehen wurde.

Die Nährstoffe, die wir über die Muttermilch aufnehmen, sind vergleichbar mit der geistigen Nahrung, die wir von der Göttin während der Meditation empfangen. Wir nehmen die geistige Schwingung ihrer Essenz auf, die uns wesentliche Elemente für die Aktivierung unserer schöpferischen Fähigkeiten zur Verfügung stellt.

Imix ist auch Ausdruck der göttlichen Fähigkeit, etwas Neues zu beginnen. In unserem Daseinszyklus hat alles einen Anfang und ein Ende. Mit anderen Worten, der Zyklus wiederholt sich in den verschiedenen Lebensbereichen immer wieder. Imix sagt uns, welche wichtigen Eigenschaften nötig sind, um einen neuen Zyklus in unserem Leben zu beginnen. Es sind die ursprünglichen Eigenschaften der Göttin oder Schöpfungsmutter: Geduld, Beobachtung, Nähren, Austragen eines Kindes und Wiegen des Kindes in den Armen.

Geduld

Beginne etwas Neues stets mit Geduld. Das gibt dir die nötige geistige Ruhe, um alles, was sich gerade in deinem Leben einstellen möchte, zu erkennen – insbesondere seine Natur – und um die beste Form zu finden, diese neuen Aspekte in dein Leben zu integrieren. Die göttliche Mutter zeigt uns, dass Geduld zu ihren wichtigsten Eigenschaften gehört. Alles kann nur erblühen, wenn du ihm Zeit lässt.

Mit ruhigem Geist, heiterem Gemüt und einer gelassenen Haltung können wir das, was sich in unserem Leben zeigen möchte, klarer erkennen. Handelst du bei etwas Unbekanntem sofort aus Angst und reagierst impulsiv, ohne vorher nachgedacht zu haben, geht dir diese Chance verloren. Abgesehen davon, dass wir traurig, frustriert sind und den Mut verlieren, verschleißen wir damit auch sehr viel Lebensenergie. Überstürzter Aktionismus in Situationen, über die wir keine ausreichende Kontrolle haben, weil sie neu sind, birgt häufig die Gefahr, in Fehlschlägen zu enden. Es ist besser, deine Begeisterung für eine Situation, Beziehung, Erfahrung oder ein Projekt mit Geduld zu begleiten, damit du den neuen Bereich klarer erkennen kannst. Diese alte, immer noch überaus bedeutsame Weisheit schenkt uns einen wichtigen Baustein für unseren Alltag, um die einzelnen Lebensabschnitte mit der am besten geeigneten Haltung zu beginnen.

Beobachtung

Wenn wir über eine neue Begebenheit in unserem Leben oder über ein neues Betätigungsfeld nachdenken, sind wir dafür aufgeschlossen, entsprechend viele Informationen zu erhalten. Eine entspannte Beobachtung versetzt uns in einen Zustand des Empfangens, der uns feinfühlig erfassen lässt, was gerade in unserem Umfeld abläuft. Wir können uns ein besseres Bild davon machen, was wir beginnen möchten. Beobachtung ist ein wissenschaftliches Mittel, um Wissen zu erlangen. Für die Wissenschaft wie für den Alltag ist sie unentbehrlich. Wir verdanken ihr sehr viele Informationen und einen Überblick über die entsprechende neue Angelegenheit oder das Thema. Schenk dir Zeit. Füll dich mit viel Geduld, um die verschiedenen Seiten deiner neuen Beziehung oder deines neuen Arbeitsfelds bzw. deines neuen Projekts zu beobachten.

Nähren

Dies ist ein wichtiger mütterlicher Wesenszug, ein Grundbestandteil der heiligen weiblichen Energie: den kleinen Embryo zu nähren, der sein Leben im Schoß der Mutter beginnt. Diese Eigenschaft ist in allen Lebensbereichen und allen Dimensionen der Schöpfung wirksam. Daher wissen wir, dass wir alles, was zu leben beginnt, auch nähren sollten. Nähren bedeutet, eine neue Erfahrung mit allen grundlegenden Nährstoffen zu versorgen. Konkreter ausgedrückt: Versorge dich mit allen Informationen, die notwendig sind, um deine neue Beziehung oder das neue Lebensprojekt zu festigen und mit viel Wissen zu untermauern. Das große Verständnis und die Fülle an Information, mit der wir diese neue Erfahrung untermauern können, bringt dann ein tragfähiges Ergebnis; denn es ist aus-

gereift und beruht auf einer soliden Grundlage von Verstand, Denken und Gefühl.
Nähren bedeutet auch, sämtliche förderlichen Umstände zu gewähren – so wie ein Embryo im Mutterschoß mit allen Nährstoffen versorgt wird. Genauso versorgen wir die neue Situation mit allen stärkenden Elementen, indem wir ihr ein geeignetes Umfeld schaffen.
Ein Beispiel: Wenn du eine neue Beziehung beginnst, nimm dir Zeit dafür, schaffe Freiräume für ihre Entwicklung, informiere dich genau über den Menschen, stelle deinem Gegenüber Fragen: Was sind seine Vorlieben? Was mag er nicht? Wie sehen seine Ziele oder Wünsche aus? Wie denkt er über das Leben, was erhofft er sich vom Leben? Diese nährende Grundlage wird eine glückliche Beziehung möglich machen, die sich auf Dauer entwickeln kann.
Nähren bedeutet auch, dass du bereit bist, etwas von dir selbst herzugeben; dass du dich dafür öffnest, Informationen zu vermitteln und zu empfangen, sie zu verarbeiten und sie anzuwenden. Gehst du mit Weisheit vor, werden die Erfahrungen der Beziehung insgesamt stets aufs Neue kraftvolle Initialzündungen geben. Nähren bedeutet, dass du dir selbst bei allem, was du beginnst, das Erforderliche schenkst: Zeit, Bewusstheit und Aufmerksamkeit, Zuneigung und Hingabe.

Austragen

Schwangerschaft ist die Ureigenschaft der Mutter und des weiblichen Anteils Gottes. Als lebende Göttinnen können wir nicht nur unsere physischen Kinder austragen, die in sich selbst bereits Wunder sind, sondern auch Ideen, Projekte, Beziehungen, Aktivitäten, Schöpferisches, Kunst usw. Austragen bedeutet, dass du etwas in dir selbst wiegst, etwas Eigenes erschaffst, etwas in dein eigenes Wesen aufnimmst und es in dir zum Leben erweckst. Umhüllen wir also diese neue Energie mit unserer eigenen Ausstrahlung und geben wir ihr von unserer Lebensenergie etwas ab, damit sie zu leben beginnen kann.

Austragen ist ein Akt der Liebe. Du selbst gibst dich ganz für etwas hin. Es ist ein Geschenk an das Leben, für die anderen oder für die Gemeinschaft. Dieser großherzige Zug der weiblichen Energie ist jeder Frau und jedem Mann eigen. Wir alle tragen diese weibliche Eigenschaft in uns, Verantwortung für Situationen zu übernehmen und sie somit vor Schaden von außen zu bewahren.

Ich empfehle dir, neue Ideen, ein neues Projekt, eine neue Erfahrung für dich zu behalten, über sie zu meditieren, darüber nachzudenken und sie mit deiner eigenen Energie und Qualität zu füllen, damit diese neue Essenz Form annehmen kann und ein eigenes Leben erhält. In einer Anfangsphase sollten wir nicht über unsere neuen Ideen oder Angelegenheiten sprechen, denn das hieße, eine keimende Energie unterschiedlichen Gedanken und Kritiken auszusetzen, die schließlich dieses neue Wesen zerstören.

Es ist wichtig, die ersten Zündfunken einer Idee, eines Projektes oder einer Handlung für dich zu behalten, denn nur du allein weißt, was du erschaffen möchtest. Die Idee hat immer mit deinem eigenen Wesen zu tun, deiner eigenen Sichtweise, deinen eigenen Werten, deinem eigenen Weltbild. Darum sei dir selbst treu und bewahre, was du ausbrütest, für dich. Dein Lichtfunken wird bald sein eigenes Leben haben und sich frei auf der Welt bewegen, wie ein Kind, das sich von seiner Mutter trennt. Lass die Saat in dir keimen, denn jedes Wesen ist einzigartig, unersetzbar und hat für alle etwas Besonderes anzubieten.

Wiegen

Dieses liebevolle Gefühl weiblicher Essenz ist für alles Keimende im Anfangsstadium wesentlich. Liebe ist die warmherzige Energie, die alles mit der Möglichkeit des Lebens versorgt. Wiege deine Projekte, deine Ideen, umarme sie mit deiner ganzen Liebe. Lass sie fühlen, dass du für sie da bist und ihnen deine schönsten Eigenschaften anbietest – wie eine Mutter ihren Bauch umarmt, wenn der kleine Fötus in ihr heranwächst.
Lasst uns alle, Frauen wie Männer, dieses liebevolle Gefühl auf all unser Tun übertragen. Zu Beginn braucht alles eine erhöhte Dosis Liebe, die Halt, Wärme und eine hohe Schwingung verleiht. Wenn wir zu diesem liebevollen Wiegen bereit sind, wird unser Projekt eine Qualität erhalten, die der Gemeinschaft nützt und dieser Welt etwas wirklich Wertvolles schenkt.

Lassen wir alle Gefühle der Frustration, des Energieverlustes und Scheiterns hinter uns und öffnen wir uns dem Neuen, denn all diese Eigenschaften, die zum Wesen der Göttin gehören, bilden ein wunderbares, unterstützendes Netz für jede neue Schöpfung. Das Universum insgesamt erschafft sich immer wieder, während es seine Eigenschaften erweitert und verbessert. Wir haben eine große Veränderung vor uns: Das Leben steht vor einem Entwicklungssprung, und die Menschheit kommt ins neue, lichtvolle Zeitalter.

3

Qualitäten der heiligen weiblichen Energie

Nach einer langen Epoche, in der das Bild der weiblichen Kraft von den herrschenden Gesellschaftsstrukturen negativ bewertet wurde und die Urwerte weiblichen Verhaltens verzerrt wiedergegeben wurden, ist es an der Zeit, uns wieder auf die authentischen Qualitäten der weiblichen Natur zurückzubesinnen. Jetzt gilt es, unsere Talente und unser weibliches Wesen voll und ganz zu entfalten.

In ihrer Essenz ist die weibliche Energie ein Teil der Natur, der sich in der gesamten Schöpfung findet; ihre menschliche Verkörperung ist die Frau. Die weibliche Energie ist von Natur aus fest in ihr verankert. Die Frau ist somit ihre ausgeprägteste und am meisten spürbare Ausdrucksform. Natürlich trägt auch der Mann einen weiblichen Anteil in sich, den er kultivieren sollte, um – wie es auch für die Frau gilt – beide Anteile, weiblich und männlich, in sich zu integrieren (siehe auch Kapitel 9, »Die Vereinigung der Gegensätze in dir selbst«). Die Befreiung der heiligen weiblichen Energie von negativen Bewertungen wird die Entwicklung der Menschheit als ein Ganzes unterstützen. Wir können Eigenschaften, Weisheiten und Verhaltensweisen wieder Raum zum Leben geben, deren authentischer Ausdruck jahrhundertelang blockiert war.

Das Wiederaufleben dieser wertvollen Qualitäten im täglichen Leben wird die harmonische Schwingung im gesellschaftlichen Miteinander verstärken. Die extreme männliche Dominanz wird schwächer, da die weibliche Energie ihren angestammten Platz als Mittlerin in Gemeinschaft und Gesellschaft einnehmen wird. Durch diesen Wandel wird sich ein höheres Bewusstsein mit einer größeren Ausstrahlungskraft und einer erweiterten Vision entwickeln.

Die Unterscheidung, die wir im Lauf des Buches zwischen den weiblichen und männlichen Eigenschaften machen werden, dient keinesfalls dazu, das Männliche abzuwerten; hervorgehoben werden einfach die Fähigkeiten, in denen sich Mann und Frau wesentlich unterscheiden. Wenn diese Unterschiedlichkeit geklärt ist, kann sich jeder nach seinem Wesen verhalten, ohne zu versuchen, das andere Geschlecht nachzuahmen. Jeder kann dann für sich zu seinen ihm eigenen Fähigkeiten stehen. Mit dieser Haltung kann jede Energie wie ein kostbarer Strom zum Wohl des Ganzen fließen, sei es für den Partner, die Familie, die Gesellschaft, die Gemeinschaft oder für die gesamte Welt.

Der negative Pol

Die Energie im Universum teilt sich auf zwei Pole auf: einen mit negativer Ladung, einen mit positiver Ladung. Der positiv geladene Pol gibt ab, der negativ geladene Pol empfängt.

Die weibliche Energie wird mit dem negativ geladenen Pol in Verbindung gebracht. Sie empfängt die Lebenskraft, die aus der positiv geladenen elektrischen Kraft entsteht. Übersetzen wir diese Energieform in eine psychologische Verhaltensform, wird verständlich, warum eine Frau empfangen, aufnehmen und verständnisvoll sein kann: Es ist sozusagen die Natur ihres Energiefeldes. Aus diesem grundsätzlichen Wesenszug lassen sich viele weitere urweibliche Eigenschaften herleiten.

Der Begriff der »negativen Ladung« in Bezug auf die Frau sollte daher von allen Werturteilen befreit werden, denn es handelt sich nicht um etwas, das verteufelt werden darf oder Böses überträgt, wie viele Glaubensrichtungen es der Frau anheften wollten. Stattdessen beschreibt der Begriff das physisch-energetische Feld der Frau als Teil eines Gleichgewichts von zwei komplementären natürlichen Polen.

Magnetische Kraft

Die negative Ladung wird mit der magnetischen Polung assoziiert. Sie kann Information, Energie etc. anziehen, aufnehmen und halten. Diese magnetische Eigenschaft der Frau schließt ein, dass wir einen Körper besitzen, der Flüssigkeiten und Nährstoffe auf eine andere Weise aufnimmt als die männliche Form. Daher auch unsere Neigung, Flüssigkeiten anzusammeln, Fettgewebe aufzubauen etc. Die magnetische Kraft trägt zu den typischen Rundungen des weiblichen Körpers bei.
Diese Energie ist auch ein wesentlicher Grund für unsere verzögerte Handlungsweise. Wir nehmen Informationen erst einmal auf und nähren uns damit, um später eine Entscheidung zu treffen. Im Gegensatz hierzu steht die elektrische Energie:

Sie wird mit der männlichen assoziiert, aktiviert unser Nervensystem und führt somit zu unmittelbaren Reaktionen, zu einer beschleunigten, impulsiven Dynamik bis hin zum Einsatz physischer Kraft.

Sind wir in Kontakt mit dem magnetischen Wesen der Frau, ist es uns bewusst, dass alles seine Zeit braucht, damit ein gutes Ergebnis erzielt wird. Geduld ist, wie bereits erwähnt, ein Wesenszug innerhalb des weiblichen Erfahrungsbereiches. Bevor unsere heutige Gesellschaft einer Frau ihren Platz zugesteht, verlangt sie von ihr impulsive Reaktionsfähigkeit. Doch diese männliche Bedingung zwingt die Frau, gegen ihren eigenen Bewegungsrhythmus zu leben, der – um es noch einmal deutlich zu sagen – nicht besser und nicht schlechter ist als jener des Mannes, sondern eben anders.

In der weiblichen Anatomie lässt sich die Gebärmutter als ein Gefäß betrachten, das männliche Energie aufnehmen kann; die männliche Anatomie ihrerseits besitzt ein Genitalorgan, das in der Lage ist, seine Energie in die weiblichen Genitalorgane einzuführen. Daraus lässt sich schließen, dass es im Wesen der Natur liegt, eine Situation aus unterschiedlichen Blickwinkeln wahrzunehmen.

Passive weibliche Haltung

Sich für Beobachtung, Reflexion und Innenschau Zeit zu nehmen – dies sind authentische Merkmale weiblicher Energie; sie sind keineswegs gleichbedeutend mit Lethargie, Langsamkeit

oder mentalem bzw. emotionalem Rückstand. In einem passiven Zustand (ein Nicht-Handeln) kann die Frau ihren kreativen Geist aktivieren und viele wunderbare Informationen aufnehmen, um daraus überaus wirksame Konzepte, Ideen, Verhaltensweisen und Handlungen zu entwickeln.
Wir leben heute in einer Gesellschaft, die eine schnelle Reaktionsfähigkeit verlangt. Je weniger Zeit für eine Arbeit benötigt wird, umso höher wird die Leistung eingestuft, selbst wenn das Ergebnis dabei nicht so gut ausfällt. Unsere Gesellschaft setzt die weibliche Passivität mit einem Zustand der Lethargie gleich und schließt damit jegliche meditative Haltung im Geschäftsleben aus.
Eine Rückbesinnung auf die urweibliche Frequenz scheint daher immer dringlicher. Lauschen wir der weiblichen Stille, betrachten wir das Leben aus einer höheren Bewusstseinsebene mit mehr Gelassenheit, aus einem Zustand von vollkommenem Frieden und Gleichmut. Dann werden wir auch bewusster und wirksamer handeln können. Schenken wir uns die Zeit, die wir brauchen, damit jeder Gedanke zu einer wahrhaft tiefen Vision heranreifen kann.

Passivität ist eine innere Handlung, keine äußere. Es bedeutet, auf ruhige Art und Weise aktiv zu sein. Wir handeln und bleiben gleichzeitig in einem Zustand des Friedens. Daraus entsteht eine Mystik, die mehr Ruhe, innere Freude und Befriedigung über erzielte Erfolge bringt. Sie erschafft dauerhafte Werte, keine willkürlichen.

Inspiration und Kreativität

Die Kreativität der weiblichen Energie beruht nicht auf einem logischen Gedankenprozess, sondern auf Inspiration. Es ist die Fähigkeit, eine Information oder Vision mit *offenem Geist* zu erfassen; das heißt, durch ihre Fähigkeit, zu empfangen, kann die weibliche Energie den Geist öffnen. So strömt die große universelle Weisheit, die höhere Intelligenz, in sie hinein und übermittelt ihr klare und deutliche Informationen, Entscheidungen oder Planungen. Dies ist eine außergewöhnliche Fähigkeit, die das Weibliche der Welt zu bieten hat.
Die für das männliche Denken typische logische, deduktive Intelligenz erschafft die Wissenschaften. Aber das eigentliche Ziel dieser Wissenschaften geht weit über die Postulate einer sichtbaren Welt hinaus und kann nur über den kreativen, inspirierenden Geist erreicht werden. Dieser erfasst ein Phänomen aus einem größeren Blickwinkel und erklärt es entsprechend. Ein solches Erklärungskonzept entsteht nicht, indem man das Ganze in seine Einzelteile zerlegt, sondern indem man die Einzelteile zu einem geordneten und verständlichen Ganzen zusammenfügt.

Wir haben in unserem Prozess der Bewusstwerdung eine Stufe erreicht, in der wir jetzt diese andere Form des Erschaffens aktivieren sollten. Wir sollten sie auf die gleiche Stufe mit der Logik oder der Vernunft heben, damit die beiden Lebenspole ins Gleichgewicht kommen. Dann entwickelt sich ein ganzheitliches Verständnis für das Leben; wir werden erkennen, wie alles innerhalb der Schöpfung auf- und abfließt. Eine solche Sicht schenkt uns die Möglichkeit, das Ganze und seine Einzelteile gleichzeitig zu achten.

Außersinnliche Wahrnehmung

Mit dieser weiblichen Eigenschaft können wir nicht nur über die fünf physischen Sinne Informationen aufnehmen, sondern mittels Hellsichtigkeit, Intuition, Telepathie etc. auch feinstoffliche Energien empfangen, abspeichern und senden, die aus der Umwelt und aus multidimensionalen Bewusstseinsebenen an uns herangetragen werden.

Es gab Zeiten, in denen diese Eigenschaft in Verruf geriet. Damals brachte man sie mit dem Bösen, dem Teuflischen in Verbindung; mit etwas, das dem Menschen fremd war. Demzufolge versuchte man, diese erhabene Eigenschaft der Göttin bzw. der Frau als manifestierte weibliche Energie aus dem Bereich menschlicher Erfahrung auszuradieren.

Die Fähigkeit zu außersinnlichen Wahrnehmungen ist Teil unseres Wesens. Es handelt sich nicht um ein Phänomen, das unserer Lebenserfahrung fremd ist. Diese feinstofflichen Werkzeuge öffnen uns den Zutritt zu einer Wissens-, Weisheits- und Verständnisebene, die weit über die Mitteilungsfähigkeit unserer physischen Sinne hinausgeht. Letztere sind zu begrenzt, um eine derartige Wirkung zu besitzen, und lassen uns wie blind im multidimensionalen Universum des Lebens umherirren. Die Zeit ist gekommen, uns jetzt wieder dieser außersinnlichen Wahrnehmungsfähigkeit zu erinnern und sie zu trainieren, um sie in unserem alltäglichen Leben wirkungsvoll einzusetzen. Dadurch wächst ein größeres Verständnis für das Leben und wir können unsere Probleme aus einer anderen Bewusstseinsebene lösen.

Eine wesentliche Voraussetzung für das Training der übersinnlichen Fähigkeiten bildet ein friedlicher Geist. Wir müs-

sen lernen, wie wir den Verstand verstummen lassen, der uns von der Konzentration abhält. Das erfordert die Bereitschaft zu empfangen sowie Gelassenheit. Dieser Weg führt uns zu einem universellen Wissen, das nur darauf wartet, von uns erfasst und angenommen zu werden.
Der Fähigkeit zur außersinnlichen Wahrnehmung gebührt ein würdiger Platz in unserer heutigen, verstandesbetonten Gesellschaft; sie verdient Hochachtung und Anerkennung. Wenn wir ihr nicht die gebührende Aufmerksamkeit schenken, beschränken wir uns stark. Wir reduzieren unsere Welt auf äußere Begebenheiten und Umstände und zwingen uns dadurch selbst zu geistiger Begrenzung und Gefühlsarmut. Nehmen wir aber dieses Geschenk an und öffnen unsere feinstofflichen Kanäle, dann betreten wir ein umfassenderes Universum, das uns die Erfahrung wirklicher Fülle anbietet.

Empfindsamer Charakter

Dank unserer Sensibilität haben wir einen stärkeren Kontakt zu unseren Gefühlen. Wir können mit unserem Umfeld interagieren und eine liebevolle Beziehung zu allem, was uns umgibt, aufbauen. Dieses sinnliche Geschenk stellt eine tiefe Verbindung zur Schöpfung her. Wir erfahren das Leben durch eine Vielzahl sinnlicher Eindrücke und durch unsere Antworten auf unterschiedliche Stimuli; wir sind Sender und Empfänger.
Sensibilität bereichert unsere Welt. Sie lässt uns angemessen auf unterschiedliche Reize im Leben reagieren. Sensibilität erschafft sozusagen maßgeschneiderte Antworten. Dank ihr besitzen Frauen zum Beispiel die angeborene Fähigkeit, in

ihrem Umfeld Gefühle zu empfinden oder wahrzunehmen: die Liebe zu einem Kind, die Empfindungen für einen Partner, die Freude an der Arbeit, den Lebensgenuss, den Spaß an der Freizeit. Unterschiedliche Gefühle, vielleicht zu unterschiedlichen Zeiten, jedoch immer mit allen Fasern ihres Seins. Dadurch entsteht ein buntes Leben, reich an Schwingung.
Für eine glückliche zwischenmenschliche Beziehung ist es absolut wesentlich, sich der Sensibilität zu öffnen, um eine größere Tiefe zu leben – von Sein zu Sein, von Herz zu Herz. Dann zieht sich die Sensibilität wie ein magischer roter Faden durch die Kommunikation, das Verständnis und das Zusammenleben mit einem bestimmten Menschen, sei es Freund, Ehemann, Kind, Verwandter etc.

Neigung zur Zusammenarbeit

Eine weitere wunderbare Eigenschaft der weiblichen Energie ist die Fähigkeit, alles Lebendige zu einer gemeinsamen Kraft zu vereinen und sie auf ein Ziel auszurichten. Alle Beteiligten geben ihr Bestes, damit das gemeinsame Ziel möglichst gut verwirklicht wird. Diese vereinte Kraft ist die Antwort auf die großen gesellschaftlichen, finanziellen und existenziellen Probleme der Menschheit.
Die Wettbewerbsgesellschaft hat dagegen zu sozialer Gewalt geführt: Die Schwachen sind entsetzt und die Starken vertreten die Ansicht, es sei okay, auf den anderen herumzutrampeln. Dieser schreckliche Kampf hat die Welt ins Ungleichgewicht gestürzt und sie in Schmerz, Kriege, organisiertes Verbrechen etc. gestoßen. Die Menschheit braucht nicht noch mehr Kon-

kurrenzkampf – was sie braucht, ist die heilende Präsenz der weiblichen Energie, die unsere soziale Schieflage ins Gleichgewicht bringt. Es ist an der Zeit, unser Bewusstsein auf diese gemeinsame Kraft zu richten und ihr die verdiente Achtung zu schenken. Durch sie werden wir die anliegenden Probleme lösen, sowohl im familiären Rahmen als auch zum Wohl der makrokosmischen Weltgesellschaft.

Wir Frauen spielen eine entscheidende soziale Rolle, wenn es darum geht, den mitmenschlichen Zusammenhalt wiederaufzubauen. Es geht darum, Gruppen zu bilden, die sich gegenseitig bei der Versorgung der Familien und der Kinderbetreuung unterstützen. Mit vereinten Kräften können wir dafür sorgen, dass sich die Gemeinschaft besser ernährt, dass die Kinder immer jemanden haben, der sie begleitet, sich liebevoll um sie kümmert – damit sie keine allein gelassenen Schlüsselkinder werden, die einsam und weitgehend hilflos aufwachsen, ohne moralische, geistige Anleitung, ohne klare Werte, nur weil ihre Eltern bei der Arbeit sind. Hätten wir diese kooperativen Kreise, die sich in der Kinderbetreuung abwechseln, wären die Mädchen und Jungen immer in der Obhut eines liebevollen, aufmerksamen, persönlich an ihnen interessierten Menschen und Mentors.

Vermutlich gefällt so ein Vorschlag den politischen Finanzkonsortien ganz und gar nicht: Mit Konkurrenzkampf, Zersetzung, Teilung glauben sie mehr Manipulationsdruck im Bewusstsein des Einzelnen zu erreichen. Daher fürchten sie Formen von selbst organisierter Zusammenarbeit besonders, denn sie wissen, dass sie eine große soziale Kraft darstellt, die nicht so einfach zu schwächen ist.

Wir müssen über den Tellerrand schauen, über die Nachrichten der großen Kommunikationsmaschinerien und Werbekampagnen hinaus, und uns nach innen an die Sensibilität unseres Herzens wenden – mit der Bitte, mit dem Gemeinschaftsgeist verbunden zu werden. Damit geben wir eine kollektive Antwort auf die Grundbedürfnisse einer Gesellschaft.
Kooperation ist ein Bewusstseinszustand von vereinter Liebe. Sobald die Menschheit dieses Bewusstsein erreicht, wird sie in ein neues Zeitalter eintreten.

Solidarität und Menschlichkeit

Aus der mütterlichen Liebe fließen auch Verbundenheit und Menschlichkeit. Mit diesen Gefühlen kümmern wir uns um diejenigen, die uns hilflos erscheinen, um die neuen Generationen, um die Menschheit, die Unterstützung braucht.
Mütterliche Liebe ist bedingungslos. Sie ist wie ein medizinisches Öl, das die Gesellschaften brauchen, damit die soziale Wunde im Menschen heilt. Die hohe Sensibilität dieser weiblichen Energie macht uns bewusst, dass das Gute für alle da sein muss. Damit entsteht auch das Bedürfnis, eine Gemeinschaft zu bilden und anderen zu helfen. Diese Form der humanitären Hilfe ist das genaue Gegenteil des aktuellen Wahnsinns, der mit kalter Berechnung und einem Mangel an Sensibilität auf seine eigenen Interessen bedacht ist. Die Menschheit leidet zur Genüge unter dem Übel, das damit auf den Planeten gebracht wurde. Dagegen erscheint die frische Energie der Göttin wie ein Odem, der uns wieder zum Leben erweckt und unserer Rolle als Menschen auf dieser Erde eine neue Richtung gibt. Lassen

wir uns von ihrer Menschlichkeit umhüllen, Frauen wie Männer. Füllen wir uns mit dieser sanften Liebe, die uns Nähe und Verbundenheit schenkt. Leisten wir unseren Beitrag für eine friedliche Welt. Fangen wir in unserem kleinen Umfeld damit an, indem wir unsere Verbundenheit mit den Nachbarn zeigen; seien wir Freunde in einer großen Gemeinschaft – damit dieser neue Geist seinen Triumphzug feiern kann.

Ausdauer und Loyalität

Auch diese Eigenschaften sind Teil der mütterlichen Essenz im weiblichen Energiefeld. Gerade die Kindererziehung ist und bleibt eine konstante, systematische, verbindliche und Treue erfordernde Aufgabe. Auf die unterschiedlichen Lebensbereiche übertragen, erwächst daraus eine klare Verpflichtung zugunsten eines Ziels, eines Plans oder eines Ideals.

Loyalität ist ein Zeichen von Respekt gegenüber allen Wesen und Dingen. Sie basiert auf einem Verständnis von Gemeinschaft und Harmonie aller Kräfte und auf der Fähigkeit, sich für ein Ziel zu verpflichten. Diese innere Kraft ist mit einer hohen Sensibilität für alle anderen Wesen und für den großen göttlichen Plan verbunden.

Wenn sich unsere Loyalität und unsere Verpflichtung als feste Instanzen hier verankern, wird eine völlig andere Gesellschaft entstehen. Mit der Anerkennung dieser wunderbaren Eigenschaften werden wir unglaubliche Ergebnisse zum Wohl der gesamten Menschheit erzielen.

Die Mondgöttin

Die heilige weibliche Energie und der weibliche Rhythmus stehen unter dem Einfluss des Mondes. Ungefähr jeden zweiten Tag zieht er auf seiner Umlaufbahn durch ein anderes Tierkreiszeichen. Dies zeigt sich deutlich in den bekannten Gefühlsschwankungen im Leben einer Frau. Wenn wir uns diesen engen Zusammenhang bewusst machen, können wir uns als Frauen besser verstehen. Dann wissen wir auch um die unterschiedlichen Perspektiven, aus denen wir das Leben empfinden und erleben, je nach Situation und Moment. Dann ist uns bewusst, dass wir gerade unter dem Einfluss einer bestimmten Mondstellung im Tierkreis stehen. Also können wir auch unsere Stimmungsschwankungen als eine Fähigkeit betrachten, verschiedene Sichtweisen einzunehmen. Aus diesem umfassenderen Reflexionsspektrum entstehen wiederum umfassendere Konzepte der Integration.

Der Mond hat auch einen Bezug zu den Körperflüssigkeiten. Bekanntlich staut sich bei Vollmond mehr Flüssigkeit im Körper an; daher fühlt sich eine Frau in dieser Zeit voller, eventuell sogar aufgedunsen und in ihren Gefühlen wie »aufgestaut«. Oft hat sie »näher am Wasser gebaut« und weint bei der kleinsten Gelegenheit. Mit den Tränen aber lösen sich auch die Gefühle. Als negativ empfundene Gefühle und Unruhezustände, die unseren Seelenfrieden beeinträchtigen, fließen nach außen; Tränen befreien, und wenn wir uns genug Zeit und Raum schenken, sie zu vergießen, werden wir Erleichterung verspüren. Unser Energiefeld wird gereinigt und wir sehen das Leben mit mehr Klarheit, ohne mentale Verbissenheit. Die Fähigkeit, zu weinen, ist wie ein kostbares Geschenk für Menschen, die sich den Zugang zu ihrer Sensibilität bewahrt haben.

Frausein ist eng mit dem Phänomen des Weinens verbunden. Das rührt daher, dass die weibliche Empfindsamkeit Gefühle und Emotionen intensiv wahrnimmt. Dadurch besitzt sie die wunderbare Gabe, ihre Tränen wie einen befreienden Sturzbach heilenden und reinigenden Wassers fließen zu lassen. Viele Männer unterdrücken ihre weiblichen Eigenschaften; dazu gehört auch ihre Fähigkeit zu weinen. Damit machen sie sich das Leben schwer. Sie bauen einen Damm vor ihre Gefühle, um sie nicht auszudrücken, und fügen damit ihrer physischen, emotionalen und mentalen Gesundheit starken Schaden zu. Wenn wir alle, Frauen wie Männer, diese heilige weibliche Eigenschaft wieder entfalten und uns Tränen erlauben, werden wir ihre heilende Kraft spüren.

Der Mond sendet einen silbernen Strahl, in dem er uns in Vollmondnächten badet. Er steht in Verbindung mit der Liebe der göttlichen Mutter, der Göttin. Mit dieser silbernen Energie heilt sie unsere Seelen und befreit unsere Astralfelder von Störungen. Die männliche Energie ist mit der Sonne und ihrem goldenen Strahl verbunden. Dieser aktiviert Intelligenz, Weisheit und Verständnis. Er wacht über die Ebene des Christusbewusstseins. Daher muss auch der Mann zu seiner höchsten Seinsebene finden. Er muss sich auf die ureigensten Fähigkeiten seines Geschlechts zurückbesinnen und sie auf höchster Bewusstseinsebene zum Ausdruck bringen.

Die Naturelemente

Die vier Grundelemente der Natur – Feuer, Luft, Wasser und Erde – sind paarweise in positive und negative Pole aufgeteilt.

Feuer und Luft mit ihren positiven, elektrischen, aktiven Eigenschaften werden dem männlichen Pol zugeordnet – Wasser und Erde den empfangenden, passiven, magnetischen Eigenschaften des negativen Pols.

Das Element Wasser

Wie man weiß, besitzt Wasser eine magnetische Kraft. Es zieht Energie und Schwingung an, nimmt Informationen auf, empfängt den Lebenssamen im Inneren und bringt ihn zum Blühen. In der Tat begann das Leben, sofern uns bekannt, im Meer, das reich an Nährstoffen ist, Lebewesen hervorbringt und ihnen ein Zuhause bietet.

Wir Frauen haben einen besonderen Bezug zum Wasserelement. In unserem Körper sammelt sich mehr Flüssigkeit an als in dem des Mannes; das verleiht uns unsere »weiblichen Rundungen« und ein weicheres Gewebe. Aufgrund dieser vermehrten Flüssigkeitsansammlung in ihrem Inneren kann eine Frau die Schwingungen in ihrem Umfeld mit ihrem ganzen Sein aufnehmen, die sie umgebende Energie wahrnehmen und entsprechende Informationen empfangen.

Die Flüssigkeit zeigt sich auch in Form von Menstruationsfluss, von Tränen, von Fruchtwasser in der Plazenta während der Schwangerschaft. Alle diese Substanzen tragen Leben; werden sie aktiviert, geraten die feinfühligen Gewebefasern der Frau in Schwingung.

Das Element Erde

Die Fähigkeit der Erde, das Samenkorn aufzunehmen – die Sonnenessenz, die den Keim des Lebens hütet –, in ihrem Schoß zu empfangen und in ihrem Inneren ein neues Wesen wachsen zu lassen, ist seit eh und je mit der weiblichen Gabe verknüpft, Leben zu erschaffen und das Neue auszutragen.

Das Erdelement ist mit allem verbunden, was wir unter einem »praktischen Verstand« verstehen: anliegende Probleme auf leichte, wirkungsvolle und überzeugende Weise zu lösen. Die weibliche Eigenschaft, die einfachste und schlichteste Lösung im Alltag zu suchen, die schnelle Lösung zu sehen – ohne viel mentales Hin und Her oder große wissenschaftliche Vorgaben –, macht die Frau zu einer vollendeten Künstlerin, wenn es darum geht, die Herausforderungen des Lebens anzunehmen. Denn Lösungen entspringen nicht einer rohen Gewalt, sondern einem Einfallsreichtum und Gemeinschaftssinn; dann finden sie ihre bestmögliche praktische Ausführung.
So wie die Erde den neuen Keim nährt, ist auch die Frau fähig, nicht allein den Embryo in ihrem Inneren zu nähren, sondern auch jede Tätigkeit, Beziehung oder Arbeit, mit der sie beschäftigt ist. Sie kann die Nährstoffe geben, die für Wachstum nötig sind, damit sich daraus die besten Talente entwickeln; damit die Tätigkeit, Beziehung oder Arbeit solide, stark und genauso lebensfähig wird wie das kraftvollste ihrer Kinder. Würde das Gesellschaftssystem den Frauen noch mehr Raum für ihre Fähigkeit des Austragens, des Nährens, des Lebengebens gewähren, hätten wir alle sicherlich ein freudvolleres, liebenswerteres und sanfteres Leben – zum Nutzen des allgemeinen Wohls.

4

Das hohe Amt der Liebesgöttin: Die Liebe

Die göttliche Mutter

Die wesentliche Substanz, aus der die heilige weibliche Energie hervorgeht und aus der sie auch besteht, ist die Liebe. Sie ist die höchste Erfahrung von Sensibilität; Liebe ist eine starke innere Kraft, die alle Teile der Schöpfung zusammenbringt und als ein Ganzes erfahrbar macht. Die starke Gegenwart der Liebe im weiblichen Dasein erschafft die reinsten Formen der Schöpfung.

Für uns Menschen ist Liebe der allerhöchste Schutz. Sie geht aus der mütterlichen Liebe hervor. Wir erleben sie in unserer engen Beziehung zur Mutter, die uns das Leben schenkte. Liebe ist der deutlichste Ausdruck unserer unbewussten Verbindung mit der Liebe aus unserer Kindheit. Daher leiten sich die typischen Eigenschaften von Liebe gerade von jener Form der Liebe ab, die wir damals in Gegenwart der Mutter erfahren haben, zum Beispiel liebevolle Nähe, die volle Aufmerksamkeit zwischen Wesen, die sich lieben, Großherzigkeit, die eigene Hingabe und Fähigkeit, sich anzupassen, Zuneigung, sanftes Behütetwerden. Unsere Wahrnehmung von göttlicher Liebe ist mit der heiligen weiblichen Anwesenheit der göttlichen Mutter verbunden. Voller Liebe überschüttet sie uns mit ihrer wunderbaren Aufmerksamkeit. Sie lenkt unser Leben, schützt uns vor allem Übel, löst unsere Schwierigkeiten und Probleme, schenkt uns Fülle. In Zeiten der Verzweiflung und Sorge ist es daher nur natürlich, nach einer weiblichen Person Ausschau zu halten, mit der wir uns eng verbunden fühlen und die uns bei der Suche nach Spiritualität unterstützt.

In vielen Regionen der Welt werden Jungfrauen als Beschützerinnen von Gemeinden verehrt; jede Region hat ihre Göttin, ihre Jungfrau, Mutter oder Heilige, mit der man sich direkt verbinden kann. Sie alle sind mit dieser Erde durch ein heilendes Band tiefer Liebe aufs Engste verbunden, insbesondere mit ihrer Region.
Wenn etwas eine so allgemeine Verbreitung erfahren hat, dann handelt es sich um eine Antwort auf ein unbewusstes kollektives Grundbedürfnis des Menschen. Wir möchten die heilige weibliche Energie wie die einer großen Mutter fühlen, die uns vor Übel bewahrt und uns immer wieder versichert, dass jedes Leben auf Erden unter dem Schutz ihrer Liebe steht.

Sind wir uns dieser Beziehung zur mütterlichen Liebe bewusst, können wir uns wirklich öffnen und ihre heilige Anwesenheit intensiv erfahren. Dann entwickeln wir eine psychologisch und emotional starke und gesunde Persönlichkeitsstruktur, mit der wir ein Leben in Frieden und Glück führen können. Denn dann vertrauen wir ohne Zweifel darauf, dass es eine höchste Göttin gibt, die uns trägt. Wie in einer göttlichen Gebärmutter eingebettet, erhalten wir immer unbegrenzt alles, was wir brauchen. In ihrer allerhöchsten mütterlichen Weisheit versorgt sie uns mit allen Nährstoffen, wie unterschiedlich unsere Bitten auch sein mögen. Nehmen wir dies voll und ganz an, entsteht in uns ein Glücksgefühl aus der steten Gewissheit heraus, dass die höchste mütterliche Liebe ohne Unterlass über uns wacht. Vertrauen ist wesentlich, damit der Lebensfluss fließen kann. Er entspringt aus der Liebe der Göttin zu ihrem Kind und strömt durch alle unsere Wahrnehmungskanäle.

Die Priesterin

Die schöpferische Frau weiß die Naturelemente zu lenken. Durch ihre sensible Liebe zu den Elementen ist ihr ein kraftvoller Einfluss zu eigen. Es geht nicht darum, die großen magischen Formeln zu kennen, die das Universum bewegen, sondern einen offenen Geist zu bewahren und voller Liebe zu sein. Denn so enthüllt sich der Priesterin und göttlichen Frau das Schlüsselgeheimnis der Lebensessenz. Weil ihr Herz voller Liebe ist, kann die Priesterin eine Beziehung zu den Naturelementen aufbauen; auch durch ihre Gebete voller Liebe, durch harmonische Gesänge usw. entsteht eine solche Verbindung. Dadurch schwingt sie auf der höchsten Oktave von Liebe und aktiviert ihre mächtige Schöpferkraft. Diese lenkt sie mit ihrer geistigen Absicht, einen Segen, etwas Gutes, ein Geschenk oder eine Gabe zu überbringen, die den Gesundheitszustand eines Menschen verbessert, eine Situation verändert, einen Ort harmonisiert oder Antwort auf eine bestimmte Lebensfrage gibt.
Die Priesterin weckt in sich die Kraft der Liebe, weil sie weiß, dass Liebe das höchste Werkzeug ist, mit dem die Schöpfer-

kraft Dinge bewegt. Liebe ist das Zepter ihrer Macht. Aus ihr erwächst die Weisheit, die ihr erlaubt, die allerhöchsten Ebenen des Daseins zu betreten, folglich auch die höchsten Ebenen von Verständnis.

Die Frau

Wer von uns wüsste nicht, dass es Frauen leichtfällt, Liebe zu empfinden und sie ihrem Partner zu geben? Wenn wir Liebe leben, fühlen wir uns am wohlsten. Es ist ein wesentliches Grundbedürfnis in unserem Leben. Kommen wir mit einem Partner zusammen, suchen wir das tiefe Gefühl der Liebe als verbindende Kraft in dieser Beziehung; wir möchten den Partner als einen wesentlichen Teil unseres eigenen Seins erfahren, wir möchten mit ihm eine Verschmelzung von Herz zu Herz erleben. Die meisten kennen die hohe Erwartung an die Beziehung mit dem Partner.

In unseren heutigen Gesellschaften versucht man oftmals, eine Beziehung zwischen Mann und Frau durch Werte aufzubauen, die der Liebe fremd sind. Sind es zum Beispiel wirtschaftliche Interessen, lässt man sich nur mit Menschen ein, die Wohlstand gewähren. Es kann auch eine gesellschaftliche Stellung, eine berufliche Verbesserung sein, die man sich durch die Beziehung wünscht, oder einfach der Drang, den anderen für seine eigene sexuelle Befriedigung zu benutzen.
Wenn du ein solches Verhalten bei dir feststellst, solltest du dich gleich am Anfang der Beziehung oder bei der Suche nach einem Partner völlig von solchen Absichten frei machen. Ein berech-

nendes Verhalten dieser Art wäre definitiv eine Verbiegung der Natur des Weiblichen, denn gerade der Ausdruck unserer liebevollen Sensibilität macht uns erst wirklich glücklich.
Wenn wir von Liebe erfüllt sind, genießen wir das Leben in vollen Zügen. Wir erleben tiefe sexuelle Befriedigung, und wenn wir uns wirklich voll und ganz von unserem Partner geliebt fühlen, kann das Schönste aus uns hervorgehen. Daher ist es wichtig, in zwischenmenschlichen Beziehungen, insbesondere in der Partnerschaft, ein Gefühl der Liebe aufrechtzuerhalten.
Zusammengefasst lässt sich sagen: Jegliche Handlung der bewussten Frau-Mutter-Göttin ist von Liebe erfüllt. Je mehr Achtsamkeit sie dafür entwickelt, desto mehr kann sie erblühen und ihre segensreichen Gaben zum Wohl der Welt entfalten.

Allzu vielen Männern wurde schon in jungen Jahren beigebracht, ihren weiblichen Anteil zu beschneiden. Folglich betrachtet man die Darstellung ihrer Liebesbeweise in manchen Gesellschaften als Schwäche: Der Mann fühlt sich dann auf dem Gebiet der Liebe verunsichert, denn er weiß nicht, wie er seine Gefühle ausdrücken soll oder auf solche, die ihm entgegengebracht werden, gebührend reagieren kann. Angesichts dieser Verunsicherung möchte er am liebsten flüchten und der Situation entkommen. Damit verweigert er die Tiefe einer Beziehung. Diese Männer müssten sich wieder auf ihren weiblichen Anteil konzentrieren, das heißt wieder zu fühlen lernen, und wissen, dass auch sie Liebe erfahren können. Denn mit diesem Gefühl werden sie das Leben wirklich genießen. Wenn wir unser Herz öffnen, kann der heilende Hauch der Liebe hineinströmen und uns transformieren. Alle Männer sollten wissen, dass es eine Tugend ist, seine Gefühle auszudrücken, und dass es glücklich macht, wenn man sich ganz für sie öffnet und die daraus entstehende Tiefe zulässt.

Wir haben die spirituelle Verpflichtung, den zukünftigen Generationen zu zeigen, wie man einen intensiveren Kontakt mit seinen Gefühlen entwickelt. Wir sollten sie dazu anregen, alle Empfindungen zu schätzen, die aus der Liebe entspringen: Mitgefühl, ein liebevoller Ausdruck, zärtliche Worte, menschliche Nähe usw. Das Wiederaufleben der weiblichen Werte wird die Welt wieder ins Gleichgewicht bringen. Wir haben die Welt denaturalisiert, kalt und fremd gemacht und von der Liebe entfernt. Jetzt wissen wir, dass wir sie durch ein Leben voller Liebe wiederherstellen und sie in einen Raum verwandeln können, in dem wir uns alle wohlfühlen, fröhlich sind und unsere schönsten Gefühle zeigen dürfen.

5

Die Göttin Ixchel

In der Kosmovision der Maya stellt Ixchel die heilige weibliche Kraft dar; sie ist ein Symbol für alle Eigenschaften, welche die weibliche Essenz in sich birgt. Unsere weise Maya-Kultur hat das Bild der tausendjährigen Frau mit dem Piktogramm der Göttin beibehalten. Bis heute erinnert sie uns an die echte weibliche Rolle, sowohl als Frau als auch als Göttin und Mutter.

Die Figuren der Göttin Ixchel sind von hoher Symbolkraft. Bei der Beschäftigung mit dieser Bildersprache erkennen wir die antike, gesunde und Klarheit bringende Vorstellung der weiblichen Natur.

Das Wesen der Göttin Ixchel wird durch zwei gleiche Figuren dargestellt: Sie zeigen die tiefgründige Dualität in der Ganzheit, das heißt, das ursprüngliche Wesen der Frau besteht aus zwei Anteilen. Damit ihr Wesenskern wirklich kraftvoll in Erscheinung treten kann, müssen die Anteile ausgeglichen sein. Gleichzeitig repräsentiert die Göttin zwei Lebensalter einer Frau oder zwei Zeitabschnitte innerhalb des wiederkehrenden Zyklus des weiblichen Daseins.

Wir lüften jetzt das Geheimnis, das die Göttin Ixchel in ihrer Gebärmutter gehütet hat, und geben uns, den Frauen von heute, das Maß für echte Werte, Eigenschaften und Verhalten auf allen Ebenen des Daseins zurück. Es folgt die Beschreibung beider Figuren der Göttin Ixchel, deren Lehren wir Schritt für Schritt entwickeln.

Die junge Ixchel

Sie steht für die Jahre der Kindheit und Jugend, die mit dem ersten Daseinszyklus der Frau verbunden sind. Diese Figur hat auch einen Bezug zum ersten Zyklus im heiligen Tzolkin-Kalender, der 52 Jahre dauert. Die Abbildung zeigt die Eigenschaften einer Frau in ihrer zeugungsfähigen Phase und ihre Verpflichtung, Kern der Familie zu sein.

Die ältere Ixchel

Sie symbolisiert die reife Frau mit Lebenserfahrung. Sie hat die Weisheit des Alters erworben und weiß sie anzuwenden. Diese Figur hat einen Bezug zum zweiten Tzolkin-Zyklus, das heißt, im Alter von 52 Jahren werden wir in den nächsten Daseinszyklus hineingeboren. Wir werden dann als Schmetterlingsfrau betrachtet, als eine Ixpapalotl, die den Kokon der Raupe hinter sich gelassen hat und jetzt ihre Flügel ausbreitet, um die wunderbaren Fähigkeiten ihres Seins in ihrer ganzen Fülle zu leben.

Göttin der Fruchtbarkeit

Die junge Ixchel wird auch als Göttin der Fruchtbarkeit dargestellt. In der Jugend kann die Frau ein Kind austragen, gebären, eine Familie gründen. Die Eigenschaften eines gesunden, jungen und vitalen Körpers werden mit Zeugungsfähigkeit in Verbindung gebracht.

Göttin der Heilkunde

Die ältere Ixchel wird auch als Göttin der Heilkunde dargestellt, denn erst ab einem bestimmten Alter hat die Frau ihre intuitiven und übersinnlichen Fähigkeiten entwickelt. Erst dann ist sie fähig, in die Mysterien des Daseins zu dringen, die sie zu einer weisen Frau machen, welche die Heilkunde auf die Erde bringt. Dieses Heilwissen entspringt ihrer tiefen Erfahrung von Liebe. Sie öffnet sich in ihr wie eine Blume, die bereit ist, ihren herrlichen Duft zu verströmen.

Liebe ist die einzig wahre Quelle aller Heilkunst – so lautet die Weisheit der Medizinfrau. Sie lenkt die Naturelemente mit unsichtbarer Hand. Sie ist die Heilerin, die weiß, wie man die Lebenskraft oder die Elemente um etwas bittet. Beide unterstützen sie bei ihrer Heilarbeit, die sie dank ihrer lebendigen Vision und Liebe zur Verfügung stellt.

Schönheit

Sich als schönes Wesen zu erfahren – das stellt einen wesentlichen weiblichen Anteil dar, um sich ewig jung zu fühlen. Dieses grundlegende Bedürfnis der weiblichen Psyche ist mit dem Wunsch verbunden, Schönheit zu zeigen und zu spiegeln, sich eben als schön zu erleben. Auch die großen Wirtschaftskonzerne wissen dies und haben riesige industrielle Imperien erschaffen. Sie haben uns die Idee verkauft, mithilfe von Kleidung, Accessoires, Kosmetik etc. einem begehrten »Schönheitsideal« nahekommen zu können.

Hier ist Vorsicht geboten, denn der Begriff »Schönheit« wurde durch die Kommerzialisierung mehr oder weniger stark defor-

miert. Die gängigen Medien bieten uns ein ausgehungertes, ungesundes Idealbild an, das für viele unerreichbar und völlig vom Bild unserer Vorfahren abgeschnitten ist.
Die wahre Schönheit einer Frau entsteht durch das Gefühl, sich mit sich selbst wohlzufühlen, glücklich über das zu sein, was sie ist, aus Liebe zu sich selbst. Ihr inneres Wohlgefühl strahlt nach außen und zeigt sich als ein außergewöhnliches Licht, das Glanz in ihre Augen bringt, ihr Haar belebt, ihre Haut zart macht und ihren körperlichen Bewegungen Anmut, Feingefühl und etwas Kokettes verleiht.

Ich möchte betonen, dass sich der Begriff »Schönheit« nicht nur auf die Eigenschaft von gesellschaftlicher Attraktivität oder die Konkurrenzbedingungen unter uns Frauen beschränkt. Zu bemerken wäre außerdem, dass Konkurrenz nicht Teil unseres angeborenen weiblichen Gemeinschaftssinns ist. Zum Wesenskern der Schönheit gehört es, sie wie einen köstlichen inneren Zustand zu leben. Es ist eine Essenz, die herrliche Blütenblätter entfaltet: Wir müssen sie erst einmal selbst entdecken und genießen und es dann darüber hinaus zulassen, dass sie von allen Lebewesen, die uns auf unserem Weg begleiten, gesehen werden. Eine Frau sollte annehmen, dass die Ästhetik ihres Äußeren mit »weiblichen Rundungen und Kurven« verbunden ist – natürlich innerhalb eines gesunden Rahmens. Das wirkliche Bild der Frau entspricht nicht dem ausgehungerten, unterernährten und anorektischen Modemodell, das uns die großen Konsum-Multis verkaufen möchten. Diese Vorgaben sind weit entfernt von unserer physischen Natur. Ein solches Ideal hält uns in einem täglichen Angstgefühl gefangen, die irreale Traumfigur doch nicht zu erreichen. Diese Angst veranlasst uns, wahllos »Light«-Produkte zu kaufen und rigide Diäten zu machen. Zur Belohnung stellen sich dann Schuldgefühle ein, wenn wir glauben, »gesündigt« zu haben, sowie ein dauerhaftes Unwohlsein, weil wir in ein extremes Untergewicht gerutscht sind. So ein Zustand ist alles andere als heilsam und gefährdet unsere körperliche, emotionale und geistige Gesundheit. Daher ist die Achtung vor unserer weiblichen Identität unumgänglich, um unseren Körper und seine verführerische Erlesenheit genießen zu können. Daraus entsteht die wahre Schönheit, die uns ein Leben lang darin unterstützt, heiter und glücklich zu sein.

Obwohl Schönheit ein Attribut der jungen Göttin ist, besteht kein Zweifel, dass es allein von uns und unserem sorgsamen Umgang mit uns selbst abhängt, ob wir sie uns ein ganzes Leben lang bewahren. Eine schöne Frau ist nicht immer die jüngste ...

Weisheit

Weisheit im Leben einer Frau ist mit der Empfangsbereitschaft für die große universelle Weisheit verknüpft. Öffnet sich der weibliche Geist über Intuition, Wahrnehmung, Sensibilität und innere Anbindung für die universelle Weisheit, wird er zu einer Schale, die Informationen aufnimmt. Diese Fähigkeit gehört zum Zyklus der älteren Frau. Geduldig gibt sie »der Zeit ihre Zeit«; statt einer raschen Antwort bewahrt sie ihre innere Ruhe. In dieser Haltung kommen Antworten auf alle Lebensfragen mittels Intuition. Durch den erweiterten Horizont ergibt sich ein größerer Handlungsspielraum, eine ganzheitlichere Sichtweise und ein höheres Bewusstsein. Wissen und Erfahrungen werden zusammengeführt. Das macht uns zu weisen Frauen.

Weibliche Weisheit hängt nicht vom Alter ab. Sie kann sich zu jeder Zeit im Leben zeigen – vor allem wenn wir im Geistesfrieden, in innerer Ausgeglichenheit und Ruhe leben. Wir erhalten dann eine klare und kraftvolle innere Vision dessen, was wir hervorbringen möchten. Diese Erfahrung können wir jederzeit machen, wenn wir uns auf unsere Weisheit konzentrieren und die eigene innere Welt der weiblichen Energie betreten.

Die Weisheit der Frau verdichtet sich aufgrund ihres umfassenden Verständnisses und ihrer inneren Hellsichtigkeit in sehr kurzer Zeit zu einer plötzlich auftretenden Vision in einem Bewusstseinsblitz, wenn sie mit den vielen Ebenen des Makrokosmos in eine ganzheitliche, vereinigende Verbindung tritt. Das Wissen um Informationen aus dem Umfeld bzw. die Weisheit aus dem männlichen Prinzip entsteht dagegen entweder in einem Aufteilungsprozess, der die Wirklichkeit in seine Einzelteile zerlegt, oder durch logisch-argumentative Verknüpfung von Gedanken.
Eine Frau nimmt die Information aus ihrem Umfeld auf und bringt sie in ihr Innerstes; sie gibt ihr eine ordnende Sinnstruktur. Die ganzheitliche Sichtweise, die unterschiedliche Aspekte in sich ausgleicht, ist daher eine Eigenschaft der wahrnehmenden Intelligenz von weiblicher Energie. Eine emotional starke Frau *weiß*, wenn sie *fühlt*.

Göttin und Mutter

Dank der hohen Energie in der Mutterschaft kann eine Frau ein neues Wesen in ihrem Leib austragen. Sie tut dies, wenn sie physisch und psychisch gesund ist, aus einem mystischen Liebesgefühl heraus. Dabei identifiziert sie sich innig mit ihrem Kind und geht die Verpflichtung ein, die Entwicklung seines Lebens in besonderer Form zu fördern.

Diese großzügige Liebe der Göttin Mutter in der Mutterschaft ist der irdische Ausdruck für die höchste Liebesform der Schöpfergöttin oder göttlichen Mutter. Eine Frau stellt nicht nur ihren Körper bereit, um das neue Leben auszutragen, sondern auch ihre Seele, ihre Lebensenergie, ihre Schaffenskraft, damit dieser Säugling heranwächst, sich entwickelt und die höchste Bewusstseinsstufe erreichen kann. Dieser angeborenen biologischen Funktion einer Frau ist nicht nur eine materielle Seite eigen. Es geht hier vielmehr um eine intime, innige Verbindung zwischen Mutter und Kind. Sobald diese Verbindung natürlich fließt, wird daraus eine spirituelle Einheit.

Unser heutiges Gesellschaftssystem ist im Allgemeinen sehr wettbewerbs- und gewinnorientiert, häufig auch allzu sehr an ichbezogenen Zielen interessiert. Immer mehr Frauen sehen keine Chance oder verlieren das Interesse, ihre mütterlichen Aufgaben zu entwickeln. Das bedeutet jedoch universell gesehen einen schweren Sensibilitätsverlust für die Menschheit. Denn die Aktivierung dieser hohen Schwingung der gelebten Göttin als Mutter umhüllt den Planeten Erde mit einem warmen Nestgeruch, den wir einatmen. Daher sollten wir uns wieder bewusst machen, dass die Erfahrung von Mutterschaft eine tiefe Bereicherung für unser Leben darstellen kann.

Wenn wir dafür sorgen, dass jungen Frauen genügend Freiraum und Zeit zur Verfügung stehen, besteht die Chance, dass eine neue Generation geboren wird: Kinder, die körperlich, emotional und geistig wohlgenährt sind. Diese neuen Wesen geben der zukünftigen Menschheit klare Werte und eine zuversichtliche Vision ihrer eigenen Entwicklung.

Eine Frau wird durch ihre Fähigkeit, ein Kind auszutragen, zur Mutter und erschafft – gemeinsam mit dem Vater – neues Leben. Die mütterliche Seite kann, wie bereits erwähnt, auch in anderer Hinsicht gelebt werden: Die weibliche Energie besitzt im übertragenen Sinn die Fähigkeit, Projekte, Arbeiten und Beziehungen »auszutragen«, indem sie ihre konzentrierte Lebensenergie dazu verwendet, etwas erfolgreich auszuführen, das Bestand hat. Damit werden alle Frauen zu Müttern, ob sie nun ein Kind geboren haben oder nicht. Jedenfalls können wir unsere Mutterschaft für die unterschiedlichsten Bereiche in unserem Leben einsetzen und damit auch diese Seite unserer weiblichen Natur in all seiner Fülle entwickeln.

Göttin und Priesterin

Die direkte, naturgegebene Verbindung der Frau mit ihrem feinstofflichen, spirituellen Umfeld und der Schöpfung schenkt ihr Augenblicke von erhöhten Bewusstseinszuständen. Die Frau besitzt diese Gabe infolge ihrer Sensibilität und ist daher von Natur aus ein mystisches Wesen. Lasst uns diese angeborene Fähigkeit zurückgewinnen, den Anteil der Priesterin in uns aktivieren und wieder entfalten. Bei der Fähigkeit, sich mit dem Göttlichen zu verbinden und Informationen an die Menschen in unserem Umfeld weiterzugeben, handelt es sich nicht um eine offizielle, durch Regeln institutionalisierte Priesterschaft (Priesterinnen-Amt); stattdessen erfüllen wir damit ein Priesterinnentum, das uns durch die gelebte Fähigkeit zur Entfaltung eines höheren Bewusstseins geschenkt wird, indem wir ein Leben in Liebe führen.

Zu Zeiten des Matriarchats waren Tempel, Kirchen und Heiligtümer unnötig. Die Göttin betete in der Natur selbst. In ihrer Innenschau liebte sie alles, was sie wahrnahm. In den tiefsten Schichten ihres Seins verstand sie, dass alles Leben pulsiert, dass es reine Energie aus Schöpferkraft ist und dass diese allumfassende Energie alles, was wir sehen und fühlen, aufrechterhält. Daher wurde eine Priesterin überall und immer verehrt. Verrichten wir alle Handlungen in diesem Geist, leben wir also jeden Augenblick und jederzeit in einem wachen Bewusstsein, dann können wir diese Mystik in den Alltag bringen.

Die Priesterin ist die Medizin der Erde. Mit ihrer Gabe, das heilige Schöpfungslicht wahrzunehmen, kann sie Spontanheilungen bewirken – wirkliche Heilung, die das bioenergetische Muster wiederherstellt, keine rein körperliche Symptombeseitigung.

Die Frau als Priesterin heilt die Seele. Sie befreit sie von ihrem Leid und heilt damit alle Schmerzen. Dabei wird sie von den Elementen in ihrem Umfeld unterstützt: Pflanzen, Wasser, Edelsteine usw. Sie kennt die feine Energie, die in allem ist, was lebt.

Wir sollten verstehen, dass die Frau sowohl Mutter als auch Priesterin ist. Diese beiden Aspekte sind in jeder Frau vorhanden und können in ihrem Leben völlig harmonisch kombiniert werden. Mehr noch, beide Seelenanteile sind für das Leben einer Frau wesentlich. Daher müssen wir jetzt mit der uns auferlegten Trennung Schluss machen, also mit der angeblichen Unvereinbarkeit von der Aufgabe als Mutter sowie jener als Priesterin bzw. Frau, die sich ausschließlich Gott gewidmet hat. Heute sind wir uns dessen sicher, dass beide Aspekte der Göttin kraftvoll in uns pulsieren. Und wir wissen auch, dass wir erst durch das Ausleben dieser beiden Seelenanteile unsere Vollkommenheit als lebende Göttinnen erreichen.

Der Uterus der Familie

Der Handlungsraum ist in diesem Lebensabschnitt auf den Familienkreis konzentriert und auf die Zeit der Jugend im Leben der Frau. In dieser Phase hat sie (im Zusammenwirken mit dem Vater der Kinder) die Aufgabe, das Nest zu versorgen, damit eine warmherzige Atmosphäre für die Familie entsteht und die Kinder mit dem Gefühl aufwachsen, von einem liebevollen Umfeld umhüllt und geschützt zu sein – in einem warmen Nest mit ethischen Werten, das ihnen körperliche und seelische Nahrung bietet.
Ein warmes Zuhause zu erschaffen, ist eine überaus wichtige Aufgabe im Leben junger Eltern, aber insbesondere eine Aufgabe der weiblichen Energie. Das Zuhause ist der emotionale Hauptbezugspunkt, wenn es um die Gestaltung zwischenmenschlicher Beziehungen geht. Wenn es diesen Bezugspunkt nicht gibt, wenn er entfremdet, gestört, kalt, disharmonisch o.Ä. ist, besteht das erhöhte Risiko, dass daraus unglückliche, emotional unausgeglichene Kinder hervorgehen, deren Beitrag

an die Gemeinschaft womöglich im Abreagieren von sozialem Frust besteht: Drogen, Alkohol, Gewalt, Zerstörungswut, Betrug usw.
Das macht sehr deutlich, dass sich Frauen wieder ihren großen Beitrag zu einem gesunden Familienklima bewusst machen sollten, damit die Familie eine Lebenszelle wird, in der man offen und respektvoll miteinander umgeht.

In früheren Zeiten führten »Hausfrauen« ihre Aufgaben mit großer Würde aus; heute hat diese Tätigkeit ihren Wert verloren. Hausarbeit wird als Zeitverschwendung betrachtet, als Nichtstun, als unproduktive Arbeit, die nur von Frauen verrichtet wird, die keine größeren Ziele im Sinn haben. Angesichts der bedenklichen Folgen dieser Einstellungen müssen wir jetzt unseren Blickwinkel verändern. Es ist an der Zeit, diese wirkungsvolle und liebevolle Aufgabe innerhalb der Familie neu zu würdigen.
Eine Frau strahlt viele unterschiedliche Gefühle aus. Geschieht dies durch positive Kanäle wie Liebe, Verständnis, Zärtlichkeit, entstehen nährende Lebensräume. Das ist zweifellos einer der wichtigsten Beiträge, die eine Frau ihrer Familie geben kann, und spiegelt sich unweigerlich in der Gesellschaft wider.

Der Uterus der Gesellschaft

Mit ihrer Fähigkeit, sich für das allgemeine Wohl einzubringen, besitzt eine Frau eine ausgeprägte soziale Seite. Wenn sie sich einer Sache verpflichtet, empfindet sie die Herzenswünsche ihrer Gemeinschaft und setzt sich für soziale Veränderungen ein. Diese vereinte »Frauenpower« zeigte sich in den alten indigenen Dorfgemeinden Südamerikas im »Kreis der Frauen«: Er stellte die Regeln für die Gemeinschaft auf. Diese Gruppe war der soziale Uterus, in dem Ideen, Projekte oder Arbeiten zugunsten des allgemeinen Wohls »ausgetragen« wurden.

Auf sozialer Ebene kann eine derartige konzentrierte weibliche Kraft die interessantesten Bewegungen hervorbringen – davon weiß die Vergangenheit zur Genüge zu berichten. Tatsache ist, dass Frauen heute viel mehr getrennt leben; sie sind nicht selten isoliert; viele kümmern sich fast ausschließlich um ihre eigene kleine Welt. Dies hat zur Folge, dass die weibliche Energie schwächer wird bzw. nicht mehr als eine aktive Kraft innerhalb der Gesellschaft wirkt.

Wenn sich Frauen wieder zusammenschließen und gemeinsam auf ein Ziel zustreben, wird das starke, machtvolle Wirkungen zeitigen. Sie sind die Basis für einen sozialen Wiederaufbau. Es gibt unzählige Beispiele aus unterschiedlichen Regionen, wie Frauen sich zusammengetan haben und die Aufmerksamkeit der Politik auf sich zogen: Mit ihrer Entschiedenheit und ihrem Einsatz haben sie bedeutende Siege errungen.

Erinnere dich an deine Macht als lebendige Göttin – an die Macht, mit der eine Frau jeden Zustand, der ihr missfällt, verändern kann. Unsere große Liebe zu unseren Kindern und unseren Partnern wird uns immer motivieren, ebenso die tiefe Sehnsucht, unseren weiblichen Beitrag zu Frieden, Fülle und allgemeinem Wohlstand zu leisten.

Der heilige Frauenkreis

Frauen gefällt es, zusammenzuarbeiten. Darum sind sie am stärksten, wenn sie sich zusammenschließen.

In den alten Kulturen Süd- und Nordamerikas war der heilige Frauenkreis der Ausdruck ihres Bewusstseins, eine Gemeinschaft zu bilden, und gab Impulse für das soziale Wohlergehen. Darüber hinaus hatte er die Aufgabe, Verstehensprozesse zu fördern und den neuen Generationen den Weg zu weisen.

Der heilige Kreis der Frauen ist ein mächtiges Schöpfungsfeld, das die Frauen gemeinsam ins Leben rufen können. Diese Frauen bilden dann gewissermaßen den sozialen Uterus mit seinen weiblichen Aufgaben: sich um die Säuglinge, die Familie, die Schutzlosen und das allgemeine soziale Wohl zu kümmern. Durch den mütterlichen Geist erhalten diese Themen große Bedeutung. Mit ihrem Einsatz tragen die Frauen dazu bei, den Lebensstandard der Gemeinde zu erhöhen, bessere Hilfe zu leisten und eine klarere Führung für die neuen Generationen anzubieten.

Üblicherweise setzt man sich hier in einem Kreis zusammen. Eine Frau hält den Vorsitz und hat die Aufgabe, den Frauen auf Wunsch das Wort zu erteilen. In den alten Traditionen ließ man eine Feder als Symbol dafür herumgehen, dass der Geist mit der Frau war, die gerade sprach. Oder es gab einen Weisheitsstab, den jede Frau in die Hand nahm, wenn es ihre Zeit war, zu sprechen. Der Stab sollte ihrem Auftreten Klarheit, Licht und Harmonie verleihen, damit der Geist aus ihr sprechen konnte.

Innerhalb dieser Frauenkreise gibt es keine konstante Führungsrolle, denn alle Frauen haben die gleiche Befugnis. Sie arbeiten mit dem Einverständnis der Gruppe unter Einbeziehung der unterschiedlichen Ideen und Vorstellungen.

Als der große männliche Aufstand einst all das, was der irdischen Göttin gehörte, zerstörte, war das ein tiefer Schlag für die Frauen. Sie wurden von ihren Gleichgesinnten getrennt. Gesellschaftssysteme entstanden, in denen die Frau nur zu Hause in ihrem kleinen Reich tätig war. Die Nachbarin wohnte weiter entfernt und war den gleichen Bedingungen unterworfen. Auch sie ging einer umfangreichen Hausarbeit in einem geschlossenen Lebenskreislauf nach. Demzufolge löste sich die ursprüngliche weibliche Kraft auf. Ihre Fähigkeit, tatkräftig zu handeln, wurde geschwächt.
Mit dem Wiederaufleben der ursprünglichen weiblichen Eigenschaften sollten wir gerade in meiner Heimat mehr denn je zu der Fähigkeit der Frauenkreise zurückkehren, organisierend und schöpferisch zu wirken. Ob dies auch eine Anregung für Frauen in Europa sein könnte, sei ihrem Empfinden und Engagement überlassen. Diese Kreise dienen wie ein Schlüssel zu einem gesünderen sozialen und gemeinschaftlichen Leben für alle Beteiligten. In einem Frauenkreis wird jedes Thema angeschnitten, sei es von menschlicher, sozialer oder spiritueller Bedeutung, denn für die bewusste Frau hat alles eine Bedeutung. Dank ihrer umfassenden Sichtweise, die alles einbezieht, weiß sie, dass nichts voneinander getrennt ist, sondern dass jede Lebenssituation Lösungen auf verschiedenen Verständnisebenen bereithält.

Die Kraft der Göttin

Zentripetal

Diese Form der Kraft sendet unsere Energie nach innen. Sie bringt sie in die Mitte der Familie, einer Herzensaufgabe oder unserer Innenwelt.

Während unseres ersten Lebenszyklus sollten wir die Energie auf uns selbst lenken, das heißt, wir empfangen Informationen, die zu unserem Verständnis von der Welt beitragen; wir beobachten unsere Umwelt und setzen unser erworbenes Wissen dabei ein; wir entwickeln uns. Dieser Lebensabschnitt gleicht der Zeit, die eine Raupe in ihrem Kokon verbringt. Sie wächst in sich selbst.

Die Jugend ist die Zeit, in der wir uns bilden und ausformen sollten. Wir sollten offen sein, Neues zu lernen, eine gefestigte Haltung dem Leben gegenüber einnehmen und uns mit dem Ziel einsetzen, wahres Wissen zu erlangen.

Zentrifugal

Dann geht es um die Kraft, die aus unserem Kern erwächst und sich nach außen ausdehnt. Es ist unsere Ausstrahlungskraft, die wir aus unserem Sein heraus für das allgemeine Wohl einsetzen können.

Meist sind wir bereit zu geben, wenn unser Krug gefüllt ist. Wir können nur ausschütten, wenn wir etwas zu geben haben. Daher kann sich diese Kraft erst nach einem Reifeprozess zeigen, der wiederum seine Zeit braucht und zu seiner Zeit stattfindet. Er entspricht einem Zyklus in unserem Leben. Erst wenn die Frau ihre persönlichen Einsichten gewonnen und Lebensweisheit in sich verankert hat, kann sie damit der Gemeinschaft dienen.

In den alten Kulturen wurden die Älteren verehrt; in den alten Kulturen Amerikas waren es die älteren Frauen. Der Kreis der Großmütter war der Kreis der weisen Frauen, den die Gemeinschaft aufsuchte, um existenzielle Sorgen vorzutragen. Es war bekannt, dass die Großmütter die weisesten, gerechtesten und besten Antworten fanden.

Dies zeigt uns auch, dass die Lebenskraft immer ausgeglichen sein sollte: Der inneren Arbeit im Kern der Familie schließt sich die ausdehnende Kraft, unsere Verpflichtung gegenüber unserer Gemeinschaft, unserem Umfeld, dem allgemeinen Wohl an. Mit ihrer Fähigkeit, zu vereinen, erbringt die Frau einen wesentlichen Beitrag für das Gleichgewicht von Familie und Gemeinschaft.

Phasen des Menstruationszyklus

Der Eisprung

In vielen Abbildungen hält die Göttin der Fruchtbarkeit ihr Gefäß in einer empfangsbereiten Haltung mit der Öffnung nach oben. Diese Schale hat einen Bezug zur Gebärmutter, die während des Eisprungs ein nährendes Gefäß ist, bereit, den Keim des Lebens zu empfangen, den Samen, um in ihr das neue Leben auszutragen.

Die Phase des Eisprungs ist mit der jungen Ixchel verbunden. Es ist die angeborene Fähigkeit der weiblichen Energie, etwas auszutragen.

Die Blutung
Auf den Abbildungen der älteren Ixchel schüttet diese die Flüssigkeit ihres Gefäßes oder Kelches aus. Die Öffnung ist nach unten gerichtet. Dieses Bild hat einen direkten Bezug zu der Phase, in der das Menstruationsblut ausgegossen wird. Auch diese Schale steht für die Gebärmutter als das Organ, in dem der Fortpflanzungszyklus vollendet wird.

Bei der Menstruation kommt die Fähigkeit der Frau als Göttin der Medizin zum Ausdruck. Sehr deutlich zeigen sich die feinstofflichen Qualitäten der weiblichen Essenz. Während ihrer monatlichen Blutung erreicht diese Kraft ihren Höhepunkt und verteilt sich wie konzentrische Wellen in ihrem Umfeld.

Wie erwähnt, unterlagen das Wissen und das Bild der Frau im Lauf der Zeit einer Verzerrung. Wahrscheinlich wurde die Erfahrung der Menschen besonders stark durch die Vorstellung verfälscht, die Zeit der monatlichen Blutung, in der sich die Frau selbst spürt, sei einer Zeit der Verachtung, der Isolation und des Unwohlseins gleichzusetzen. Der wichtige Augenblick im weiblichen Dasein und die Frau selbst erfuhren starke Zurückweisung. Folglich war die Lebensenergie in der Gebärmutter (ihrem heiligen Gefäß) blockiert, sodass dieser natürliche, wundervolle Ablauf für viele in Tage mit heftigen körperlichen Schmerzen ausartete. Für manche ist es auch eine unbequeme Zeit wegen des Auf und Ab in den Gefühlen, die frei zum Ausdruck kommen. Aber diese Beschwerden entstehen nur durch den widerwilligen Kampf gegen die monatliche Blutung.
Die Fehlinformationen und falschen Wahrnehmungen wurden von der männlichen Intelligenz als Waffe eingesetzt, um den

wahren Sinn der monatlichen Blutung in die tiefsten Schichten des Bewusstseins zu versenken und die eigentliche Bedeutung dieser Zeit für eine Frau im Dunkeln zu lassen.
Es gilt nun, die harmonische Ordnung auch in unserem weiblichen Körper wiederherzustellen. Jetzt sollten wir aus unserem empfindsamen Blickwinkel heraus erkennen, dass die Menstruation eine Zeit ist, in der sich die Priesterin in uns zeigt, eine Zeit, in der weibliche Kräfte wie Empfindsamkeit, Heilung, Ausstrahlung und Magie erblühen und sich Raum verschaffen. Zu genau diesem Zeitpunkt verströmt die gelebte Göttin ihre kraftvolle Energie wie Nektar über die Erde.
Aus diesem Blickwinkel verstehen wir auch die Abbildungen, welche die weisen Maya uns hinterlassen haben. Hier und jetzt erinnern sie uns an den wahren Kern unserer Natur, die den Menstruationsfluss in unserem Leben behütet.
Ich bitte dich daher, öffne dein Bewusstsein und löse dich vom Bild der Menstruation als Strafe, als Folge einer »Sünde« aufgrund der Annahme, die Frau sei ein »unreines« Wesen.
Unsere klare Empfindsamkeit sagt uns ganz deutlich, dass die Frau der sichtbare Ausdruck einer göttlichen Essenz ist. Wir werden zu dem, was wir uns zu sein erlauben: Wenn wir es hinnehmen, nur Schmerz und Leid zu sein, wird uns das Leben als Frau verschlossen bleiben und ein Schattendasein führen. Nehmen wir es an, wunderbare Göttinnen zu sein, welche die Erde mit ihrer Gegenwart segnen, dann akzeptieren wir auch, dass unsere monatliche Blutung uns adelt, zur Reife bringt und lebendig macht. Da wir als Frauen Herzensqualitäten ins Leben bringen, teilen wir diese Ausstrahlungskraft ganz natürlich mit allen Wesen, die wir lieben.

Sexualität

Fortpflanzung

Die Arterhaltung und die Weitergabe des Lebens liegen in der Natur jedes lebenden Wesens. Während des Eisprungs spüren wir deutlich, dass ein Koitus mit der Erhaltung der menschlichen Art verbunden ist und dass die sexuelle Vereinigung genau zu diesem Zeitpunkt innerhalb des Zyklus stattfindet, um eine Schwangerschaft zu ermöglichen.

Aufgrund dieses natürlichen Instinktes zur Arterhaltung fühlt sich eine Frau zu intimen Kontakten mit ihrem Partner hingezogen. Dieser natürliche Instinkt ist augenscheinlich heutzutage durch eine Reihe logischer Argumente zum Schweigen gebracht worden. Die unvorhersehbaren Umstände, die eine Schwangerschaft mitbringen kann, werden heiß diskutiert. Schwangerschaft wird den (Karriere-)Erwartungen seitens einer modernen Welt gegenübergestellt und scheint sich damit nicht problemlos vereinbaren zu lassen.

Mit dieser Haltung beschreiten wir den Weg, uns immer mehr von dem natürlichen Impuls zu entfernen – dem Impuls, uns sexuell zu verbinden, um neues Leben zu zeugen.

Kreative Schöpfung

Das Thema Sexualität beschränkt sich nicht nur auf die Arterhaltung. Sexualität hat auch den Sinn, gemeinsam mit dem Partner Zustände der Erleuchtung auf anderen Bewusstseinsebenen zu erreichen. Während der Menstruation kann die Frau die Essenz der Lichtkörperchen in ihrem Blut mit ihrem Partner teilen. Sie sind in der biologisch und spirituell nährenden Lebenskraft im Blut enthalten. Dies geschieht während der heiligen, sexuellen Vereinigung. Das Bewusstsein weitet und erhöht sich, wobei die Frau das Amt der Liebe, das sie verkörpert, als eine Hohepriesterin ausübt. Die kreative Sexualität dient dazu, die Lichtkörper beider Partner aufzubauen sowie die Lichtkörper unseres göttlichen Archetypus neu zu aktivieren; sie dient dazu, unsere feinstofflichen Felder mit Eindrücken aus den höchsten Daseinsebenen neu zu erschaffen und unser spirituelles Wesen in unserem materiellen Körper zu verankern, sodass wir unser Dasein aus einer neuen Dimension erleben können, aus einem neuen Blickwinkel oder einer neuen Gegenwart.

Die alten Weisheitsschulen wussten, dass die Priesterinnen während ihrer Menstruation bereit waren, einen intimen Kontakt mit den Priestern einzugehen, damit beide die mächtige Lebenskraft miteinander teilen konnten – diesen intensiven Schöpfungsimpuls, den die Frau während dieser Zeit entfaltet.

Heilige Flüssigkeiten

Die Muttermilch

Die natürlichen Flüssigkeiten stellen die Verbindung zum Schöpfungsprinzip des Lebens auf allen Ebenen her und verbinden uns mit der Natur. Das Element Wasser kann Schwingungen aufnehmen. In seiner heiligsten Form besitzt es die Fähigkeit, eine Verbindung zur Urquelle des Lebens zu halten, zur reinsten Energie, die wir Gott nennen. Mit ihrer Milch schenkt die Frau im Fortpflanzungszyklus ihren Sprösslingen reine Liebesessenz aus der göttlichen Quelle. Diese Milch ist nicht nur eine organische Zusammensetzung von Nährstoffen höchster Qualität, sondern auch eine Kraft spendende Flüssigkeit mit einer sehr hohen Licht- und Liebesschwingung aus den höchsten geistigen Ebenen. Wenn also eine Mutter ihr Baby stillt, schenkt sie ihm auch gleichzeitig das Licht des Himmels, die Liebe des Schöpfers. Mit dieser reinen Energie nährt sie seinen kleinen Körper und vor allem seine Seele. Daraus erwächst eine deutliche Verbindung mit ihrem Geist.

Frauen sollten sich wieder an diesen tieferen Sinn der Muttermilch erinnern und sich gegen die falsche Behauptung wehren, ein Baby brauche nur 6 Monate gestillt zu werden. Diese These wird von den multinationalen Unternehmen verbreitet, die ein kommerzielles Interesse daran haben, die Muttermilch durch käuflich zu erwerbende Babynahrung zu ersetzen. Sie verkaufen ihre chemisch aufbereitete Babynahrung zu überzogenen Preisen, ohne Rücksicht auf mögliche körperliche, emotionale, energetische oder spirituelle Schäden für die neuen Generationen.

Mit dem Wissen, dass Muttermilch eine heilige Flüssigkeit ist, die von höchster Wichtigkeit für alle unsere Daseinsebenen ist, können wir bewusst ein natürliches, echtes weibliches Verhalten gutheißen, also unseren Babys in den ersten Lebensjahren die Muttermilch geben. Demnach ist eine verlängerte Stillzeit etwas ganz Natürliches. Sie erfüllt die Mutter mit Freude, da sie weiß, dass sie ihrem Kind eine Flüssigkeit von reinster Qualität anbietet, die reichlich Nährstoffe für Körper, Geist und Seele bietet und damit auch eine Unterstützung für ein gesundes Leben in Fülle und Glückseligkeit.

Das Menstruationsblut

Das Blut, das während der Menstruation aus dem Schoß der Frau fließt, ist keinesfalls als energieloses Abfallprodukt zu verachten oder abzulehnen. Im Gegenteil, diese Flüssigkeit ist reich an den besten Nährstoffen, die der weibliche Körper zu bieten hat. Das Gewebe der Gebärmutterschleimhaut bildet sich aus unterschiedlichen Bereichen des Körpers, um ein warmes Nest für einen möglichen neuen Lebenskeim anbieten zu können. Bleibt das Nest unbewohnt, fließt die Flüssigkeit mit den Nährstoffen aus dem weiblichen Körper heraus. Wenn eine Frau während ihrer Menstruation mit ihrem Partner schläft, das heißt ihre Lebenskraft mit ihm teilt, geht nicht nur die nährende Substanz auf ihn über, sondern auch die mystische Liebesessenz der Göttin, der göttliche Anteil in jeder Frau.

Das Menstruationsblut ist eine heilige Flüssigkeit. Sie ist mit dem weisen Schöpfungsprinzip verbunden, mit der allmächtigen Liebe Gottes. Daher besitzt eine Frau die Gabe, zu segnen, zu heilen, zu reinigen – also auch die Medizin zu erschaffen, die den Planeten Erde heilt.

In den alten Kulturen war den Frauen der vielfache Nutzen dieses Blutes wohlbekannt. Die heilige Flüssigkeit hatte in ihren Ritualen einen hohen Stellenwert.
Damals wusste man, dass Mutter Erde diesen Lebensfluss mit seinen lebendigen Atomen braucht. Sie nahm diese Flüssigkeit in ihrem Inneren auf, bereitete sie neu auf und sandte sie in Wellen von Lebenskraft und Fülle zurück. Mit anderen Worten: Mutter Erde befruchtete das Blut und bereitete es für einen neuen Anbau auf. Aus diesem Grund war es bei den Frauen

im Altertum Brauch, ihr Blut an Mutter Erde abzugeben, als Dank für ihr Leben und mit der Bitte um Fruchtbarkeit für den Boden, für eine reichhaltige Ernte im Leben und im Geist. Dadurch entstand eine tiefe Verbindung zwischen der Göttin Mutter und der Göttin Erde.

Beim großen Aufstand der männlichen Energie erlebten das Bild der Frau und ihre gesellschaftliche Stellung eine Verzerrung. Auch die Priester wussten um die Kraft der Opfergabe für Mutter Erde. Da sie ihr jedoch kein Menstruationsblut anbieten konnten, führten sie den Krieg ein. Sie nahmen Menschen als Geiseln und brachten sie auf ihren Altären den Göttern zum Opfer – mit der Bitte um Fruchtbarkeit auf Erden. Da dieses Blut jedoch in Angst, Schmerz, Wut und Rache getränkt war, vermehrte Mutter Erde nur diese Gefühle, sodass sich die Welt mit Schrecken, Leid, Krieg und Krankheit füllte. Die Opfergabe von Mensch oder Tier besitzt nicht die gleiche Energie wie Menstruationsblut, das mit Liebe und Freude in einem Zustand geistiger Anbindung gegeben wird, wie es zuvor von den irdischen Göttinnen auf dem reinen Altar ihres Herzens angeboten wurde.

Folglich wissen wir jetzt, dass dieses weibliche Blut eine wichtige Rolle bei der Herstellung eines neuen Gleichgewichts auf diesem Planeten spielt.
Daher rufen wir alle Frauen auf, bewusster mit ihrem Blut umzugehen und es Mutter Erde in einer meditativen Haltung zu schenken. Sie sollten mit einem Gebet aus der Tiefe ihres Herzens darum bitten, dass ihr Blut mit all seinen Licht- und Lebenspartikeln aufgenommen und grenzenlos vermehrt wird,

dass es Fülle, Frieden und Harmonie für die gesamte Menschheit hervorbringt und dass die göttliche Gnade der Liebe jetzt und für alle Zeiten die Muster von Krieg, Schmerz und Leid beseitigt.

Opferritual für Mutter Erde

Zuerst weichst du die mit deinem Blut versehene Einlage oder den Tampon in etwas Wasser ein und wringst sie dann über einem Gefäß aus natürlichem Material gründlich aus. Diese Flüssigkeit übergibst du Mutter Erde in einer meditativen Haltung. Während du das tust, öffne dich ganz dafür, dass sich dein Herz voller Hingabe mit dem liebevollen Herzen von Mutter Erde verbindet. Schenke ihr dein Gebet. Dies ist deine innige, heilige Verbindung mit der Göttin und Mutter Erde. Lass dein Sein frei fließen; es wird deine Worte verströmen.
Pflanze dort, wo du dein Blut ausgegossen hast, eine Blume oder stelle einen Bergkristall auf. Seine hohe Schwingung wird die Segnungen der Göttin an all ihre Kinder verteilen.
Diese schlichte Handlung ist eine Form von mystischer Verbindung, die dem Wesen der Frau eigen ist. Es ist ein einfaches, natürliches Ritual – ohne Kultgegenstand, Gewänder oder komplizierte Hilfsmittel –, das dein Herz aufs Tiefste mit jenem von Göttin/Mutter Erde verbindet.

Das Blut ist eine heilige Flüssigkeit und besitzt die Fähigkeit, Lichtwellen von ungeahnter Kraft zu übermitteln. Dies geschieht auch in der sexuellen Vereinigung. Das Blut der Frau ist die göttliche Nahrung für Leben, Heilung und geistige Befreiung.

6

Die Schamanenfrau der neuen Zeit

Die Schamanenfrau ist sich ihrer vielen Talente bewusst. Sie ist in Kontakt mit ihrer weiblichen Urnatur und weiß, dass sie eine Göttin auf Erden im hohen Auftrag der Liebe ist.

In den alten Kulturen Amerikas verstand man unter dem Begriff »Schamane« einen weisen Menschen in einer Gemeinschaft. Er arbeitete als Arzt, psychologischer Berater oder spiritueller Lehrer und besaß außersinnliche Fähigkeiten, eine über die sichtbare Realität hinausreichende Wahrnehmung und besondere Heilkräfte.

Die Schamanenfrau zeichnet sich dadurch aus, dass sie ihre persönliche Verbindung zum *Bewusstsein der Einheit* gefunden hat. Sie ist an den Puls des Lebens angeschlossen; in ihrem Inneren weiß sie um die Urkräfte der Natur, nimmt sie wahr, achtet sie und arbeitet mit ihnen zusammen. Die Schamanenfrau der neuen Zeit hat zu ihrem heiligen weiblichen Urwesen zurückgefunden und lebt ihre weiblichen Eigenschaften als Frau, Mutter, Geliebte, Priesterin, aktive Frau der Gesellschaft und vieles mehr, immer in ihrer vollen Würde. Ihre empfindsame Weisheit findet klare und einfache Antworten zum Wohl aller Menschen und jeder sozialen Struktur. Jede Frau trägt diese irdische Göttin in sich. Dadurch schenkt sie der Welt den wunderbaren Strom ihrer Liebe, die sich in all ihren Beziehungen zeigt; zugleich lebt

sie ihre eigene geistige Identität und mystische Anbindung in voller Verantwortung aus.
Diese geheilte weibliche Energie in neuer Würde ist auch ein wertvolles Geschenk für den Mann, denn er kann jetzt diesen Aspekt in sich würdevoll begrüßen und die Segnungen der weiblichen Qualitäten leben: Sensibilität sowie die Freiheit, aus dem Herzen zu sprechen, Gefühle zu zeigen, sich für seine außersinnlichen Kanäle zu öffnen und eine mystische Verbindung mit allem Leben einzugehen.

Atmung mit dem göttlichen Hauch (Kinich-Ahau-Atmung)

Das Schöpfungsprinzip, dass Gott uns Menschen seinen göttlichen Atem eingehaucht hat, wiederholt sich jeden Augenblick immer wieder aufs Neue. Der große göttliche Geist tränkt seine gesamte Schöpfung mit diesem Hauch. Er durchdringt alles und lädt alles mit der Uressenz des Lebens auf.
Als von ihm erschaffene Wesen sollten wir uns an die heilige Verbindung erinnern, in die wir durch den Atem des göttlichen Geistes eingetreten sind. Mit diesem eingeatmeten Hauch nehmen wir Energie aus höchster Ebene auf! Auf diese Weise laden wir uns mit sehr viel Lichtenergie auf, mit der ganzen Fülle göttlicher Liebe und göttlichem Segen. Diese starke Lichtenergie gibt uns wieder Gesundheit und körperliche Kraft. Sie schenkt uns Frieden und ein tiefes Gefühl geistiger Einheit.

Die Atmung geschieht in Form eines langen, tiefen Ein- und Aushauchens: den Atem sanft durch den leicht zu einem

Lächeln geöffneten Mund einziehen und aufnehmen, dann genauso sanft wieder durch den Mund ausströmen lassen. Diese Art der Atmung war vielen alten Kulturen bekannt, vor allem den kosmischen Maya. Zu jener goldenen Zeit, als die Weisheit der Maya ihren Höhepunkt erreichte, wusste man, dass sich der Mensch über diese Form der Mundatmung an seine wahre geistige Natur erinnert. Mit dieser Atmung konnte er in die 13 Dimensionen gemäß der Weltanschauung der Maya – ihrer Kosmovision – aufsteigen und das höchste Bewusstsein von Einheit mit der gesamten Schöpfung erreichen, dem so sehr verehrten Hunab Ku, dem Schöpfergott der Maya.

Es gibt unzählige archäologische Funde, die den Aufgestiegenen Meister Kinich Ahau, der das Bewusstsein der Sonne repräsentiert und den Aufstieg in die neue Zeit begleitet, mit halb geöffnetem Mund zeigen. Dies ist ein deutlicher Hinweis, dass er die Lichtenergie über den Mund aufnahm. Mit diesen Abbildungen hat er uns einen wichtigen Schlüssel hinterlassen, der uns die höchsten Bewusstseinsebenen erschließt.

Die Kinich-Ahau-Atmung ist sehr einfach:
1. Such dir einen Augenblick der Stille, aus dem du nicht plötzlich herausgerissen werden kannst, einen Platz der Ruhe; es kann dein Zimmer sein oder ein Ort im Freien.

2. Es ist empfehlenswert, diese Atmung anfangs im Sitzen zu machen. Unser Gehirn ist nicht an die große Sauerstoffmenge und an die Prana-Energie gewöhnt, sodass ein kurzzeitiger Schwindel auftreten kann, der jedoch bei fortschreitender Übung schnell überwunden wird. Später kannst du diese Atmung im Sitzen, im Stehen und sogar im Liegen üben.

3. Mach dir bewusst, dass wir von einem Universum voller Licht umgeben sind und dass der große göttliche Geist hier und jetzt, immer und überall gegenwärtig ist, mit all seiner Kraft und seiner Herrlichkeit. Sobald du dich dafür öffnest, ist er bereit, seine Kraft und Herrlichkeit mit dir zu teilen. In einer meditativen Haltung voller Liebe kannst du dich ganz leicht mit der reinen göttlichen Energie verbinden.

4. Beginne mit einer sehr sanften Einatmung und nimm mit leicht geöffnetem Mund Sauerstoff bzw. Prana, die Lebenskraft, auf. Stell dir dabei vor, wie kleinste Lichtpartikel in einer permanenten sanften Strömung in dich hineinfließen. Diese Lichtatome sind mit reiner Lebenskraft, Liebe und Weisheit geladen. Sobald dein Aufnahmevolumen erreicht ist, halte für ein paar Sekunden den Atem an und fühle, wie sich der himmlische Segen in allen Teilen deines Körpers verteilt, wie sich dein Energiefeld damit füllt und deine seelischen Verletzungen heilen. Nimm wahr, wie sich eine lichtvolle Verbindung zu deinem

Höheren Selbst aufbaut. Nachdem du den Atem einige Sekunden (ohne Zwang und möglichst sanft) angehalten hast, atme wieder aus. Lass dabei deinen Atem behutsam und ruhig fließen und gib das Licht an dein Umfeld und an die ganze Welt weiter. Die Atmung mit dem göttlichen Hauch vollzieht sich in einem Kreislauf, in dem wir uns ganz bewusst entscheiden, die göttliche Anwesenheit in Form von Lichtatomen in uns aufzunehmen. Halten wir nach dem Einatmen kurz den Atem an, können wir wahrnehmen, wie die göttliche Energie ihre Arbeit auf allen Ebenen unseres Seins auf das Vollkommenste verrichtet. Beim Ausatmen lassen wir dieses Licht auch wieder durch den leicht geöffneten Mund herausströmen und teilen es dann mit unseren Nächsten, mit unserem Umfeld oder mit unserem Planeten Erde insgesamt. All dies geschieht immer im Einklang mit unseren inneren Überzeugungen. Wir verteilen also diese wertvolle Lichtenergie in dem Wissen, dass sie der Nektar von Gottes Liebe ist.

Zu Beginn sollte diese Übung etwa 15 Minuten andauern; später kannst du sie verlängern, ganz wie es dir beliebt – bis zu ein paar Stunden. Wenn wir diese Atemübung mit dem göttlichen Hauch zu einem Teil unseres Lebens werden lassen, wird es sich verändern. Diese Form der Atmung löst alle biologisch-energetischen Blockaden oder auch seelischen Verkrustungen, in denen wir gefangen sind. Nach und nach stellen sich Gesundheit, Fülle und Lebensfreude wieder bei uns ein. Unser Blickwinkel auf das Leben verändert sich komplett; aller Wahrscheinlichkeit nach lösen sich vorhandene, alte, emotionale Traumata und tief sitzende Konflikte.

Die Kinich-Ahau-Atmung des göttlichen Hauches ist der sicherste Weg zu geistiger Befreiung. Sie reichert das Gehirn mit Sauerstoff und Prana an, und ermöglicht dadurch erweiterte Bewusstseinszustände mit lebendigen Erfahrungen auf verschiedenen Bewusstseinsebenen. Mittels dieser Atmung können wir uns mit der höheren Weisheit der geistigen Meister verbinden und durch die verschiedenen Dimensionen des Universums reisen: die solare, galaktische und kosmische Schwingungsebene. Durch diese Atmung erfährt unser Wesen eine vollkommene Verschmelzung mit dem reinen Bewusstsein, mit dem raum- und zeitlosen Universum.

Uns stehen heute unzählige Möglichkeiten, Methoden und Techniken für die geistige Erleuchtung zur Auswahl. Die Maya wussten jedoch: Die Wahrheit ist einfach und so nah bei uns zu finden, dass sie uns nicht entgehen kann. Sie wussten auch, dass die schöpferische Atmung der wichtigste Schlüssel für diese Entwicklung ist. Sie kostet nichts; man braucht dafür weder an einen exotischen Ort zu reisen noch sich zu Füßen eines Meisters zu begeben. Du musst auch nicht einer bestimmten Lehre folgen oder an einem bestimmten Glauben festhalten. Es geht um deine Atmung, die angeborene Fähigkeit, die immer in dir ist. Sie erweitert dein Bewusstsein – egal, wo du dich gerade befindest. Durch sie erfährt dein Wesen die Erweiterung auf allen Ebenen, die für dich am besten ist.

Die Atmung mit dem göttlichen Hauch ist der Schlüssel dafür, dass jeder Mensch die höchsten Bewusstseinsstufen erreichen kann, wenn er dies möchte: Ebenen der Fülle, geistigen Ekstase, Schöpferkraft, Weisheit und bedingungsloser Liebe.

Aktivierung der außersinnlichen Wahrnehmungskanäle

Üblicherweise verlassen wir uns auf unsere fünf Sinne, um etwas wahrzunehmen. Sie nehmen jedoch nur Informationen aus dem rein körperlichen Umfeld auf. Es ist heute schon wissenschaftlich anerkannt, dass wir sogar den Umgang mit diesen fünf Sinnen noch nicht ausreichend beherrschen, denn es gibt Tierarten, die uns darin weit überlegen sind. Dank seiner Empfindsamkeit und seinem Bewusstsein, auch seinem Wissen, kann der Mensch aber über seine außersinnliche Wahrnehmungsfähigkeit in feinstoffliche Ebenen vorstoßen, sich sogar mit diesen Sphären verbinden und andere Dimensionen des Daseins erkunden. Es handelt sich hier nicht um »seltsame Erscheinungen« im menschlichen Leben. Ganz im Gegenteil! Es ist ein wesentlicher Teil unserer Fähigkeiten, die uns von der Schöpfung geschenkt wurden. Die Tatsache, dass wir diesen Bereich unserer Wahrnehmung nicht erweckt haben, entfernt uns von einer Welt großer Möglichkeiten und Erfahrungen. Da wir diese Kanäle unter Verschluss halten, ergibt sich daraus die fälschliche Annahme, nur das, was wir mit unseren fünf Sinnen erblicken, sei unsere »wirkliche« Welt – alles andere sei eine Illusion oder Fantasie unseres verwirrten Geistes. Weit gefehlt! Die Wahrheit ist wirklich sehr weit davon entfernt.

Wir Menschen sind gleichermaßen ein biologisches, energetisches, psychisches und geistiges Wesen. Wenn wir glauben, dass wir ein rein biologisches Wesen sind und alle anderen Aspekte beiseite lassen, leugnen wir wesentliche Teile unseres eigentlichen Daseins.

Die Kanäle für außersinnliche Wahrnehmungen haben einen Bezug zur heiligen weiblichen Energie. Sie entsprechen unserer Feinfühligkeit und unserer Anbindung. Mit der Überstülpung negativer Muster über alles, was weibliche Eigenschaften ausmachte, wurde diese Anbindung durchtrennt. Als Teil des derzeit anstehenden Reinigungsprozesses und der Wiederfindung der *heiligen Weiblichkeit* müssen wir daher auch der außersinnlichen Wahrnehmungsfähigkeit den Stellenwert zurückgeben, der ihr gebührt. Somit wird unsere Welt reicher an Erfahrungen. Vor allem können wir dann aus dem vollen Umfang unserer Fähigkeiten schöpfen und umfassende, ganzheitliche Erfahrungen machen, die alle Bereiche unseres Seins einschließen.

Natürlich sollte die außersinnliche Wahrnehmung nur mit einer ethisch einwandfreien Haltung ausgeübt werden. Du öffnest damit deine persönlichen Fähigkeiten, damit du dein Dasein erfühlen und erleben kannst. Sie dient als Instrument, um deinen Blickwinkel zu erweitern, und als eine systematische Hilfe für deine geistige Verwirklichung. Wir sollten dabei von Eigeninteressen losgelöst und ehrlich damit umgehen und keinen Einfluss über andere ausüben wollen. Wir sollten auch nicht die Entscheidungen eines anderen manipulieren unter dem Vorwand, wir nähmen diese oder jene Dinge bei ihm wahr.
Das Gleiche empfehle ich dir auch umgekehrt: Lass dich nicht von jemandem beeinflussen, der dir sagt, er habe diese oder jene Botschaft von X oder Y für dich empfangen. Das gilt auch für Gefühle, von denen du spürst, dass sie äußere Einflüsse auf deinen freien Willen darstellen, etwas zu sein oder gerne zu tun. Der wunderbare Große Geist weiß, wie er dich seine Botschaft oder Führung in deinem Inneren fühlen lässt. Ich sage dies,

weil es immer mehr Menschen gibt, deren feinstoffliche Kanäle geöffnet sind, ohne dass sie sachgemäß damit umgehen. Nur mit entsprechender Achtung und Rücksicht dient die außersinnliche Wahrnehmung dem Göttlichen. Seien wir darum vorsichtig und kritisch, wenn es darum geht, »Botschaften« zu geben oder zu empfangen.

Ich selbst wurde mit einer offenen außersinnlichen Wahrnehmung geboren. Das hat mir viele Erfahrungen mit anderen Bewusstseinsebenen geschenkt sowie den Besuch anderer Dimensionen ermöglicht. Dank der weisen Führung meiner Großmutter, einer Heilerin, Hebamme und Schamanenfrau, war der Kontakt mit dieser feinstofflichen Welt für mich etwas ganz Natürliches. Durch diese wunderbare Frau lernte ich bereits in jungen Jahren den Umgang mit dieser Wahrnehmungsebene. Im Lauf meines Lebens haben mich immer wieder Menschen darum gebeten, ihnen zu helfen, ihre außersinnlichen Kanäle zu öffnen. Erst jetzt habe ich dafür eine wirkungsvolle und sichere Aktivierungsmethode gefunden. In tiefer Achtung möchte ich sie euch jetzt anbieten:

Methode zur Aktivierung der außersinnlichen Wahrnehmung

Diese Methode beruht auf der geistigen Unterstützung der wunderbaren Mondgöttin und der von ihr zur Verfügung gestellten heiligen geometrischen Form. Diese Göttin bietet uns die innerste, heilige Architektur ihres Seins als Raum an, in dem die Seele ihre außersinnlichen Fähigkeiten zurückgewinnen kann. In der Obhut ihres reinen und vollkommenen geometrischen Schoßes ist das Öffnen der Kanäle frei von Einflüssen aus der niederen Astralwelt, von nicht mehr verkörperten Wesen, Störungen oder negativen Energiefeldern.

Das Öffnen der außersinnlichen Kanäle geschieht mit der gleichen Sanftheit, mit der eine Blume ihre Blüten entfaltet. Daher ist es unbedingt notwendig, dieses Erblühen vor störenden negativen Einflüssen zu beschützen. Andernfalls könnten Traumata, negative oder disharmonische Erfahrungen verursacht werden; es würde eher entwicklungsstörend wirken statt bewusstseinserweiternd.
Daher möchte ich noch einmal betonen, dass dieser Vorgang der Aktivierung auf der Unterstützung der heiligen geometrischen Form der Mondgöttin beruht. Diese Form ist wie der Schoß der göttlichen Mutter, in dem wir uns sicher öffnen können – ohne jegliches Risiko –, liebevoll begleitet von der leuchtenden Energie des silbernen Strahls der Mondgöttin.

Die heilige Geometrie des Mondes

Gemäß der Weltanschauung der Maya erschafft der Schöpfergott Hunab Ku dank der Mathematik durch das Maß und die Bewegung holografische, geometrische Räume, die für alle Zeiten in Bewegung sind.

Die heilige geometrische Form des Mondes besteht aus den magischen pythagoreischen Quadraten, die das Fundament und die Stütze der Mathematik in der alten Kultur der Maya darstellen. Sie entstand gemäß den heiligen Gesetzen des Schöpfergottes Hunab Ku, die von den weisen Maya als Grundlage der Vermessung für ihre Architektur und Gestaltung angewandt wurden. Erst vor Kurzem hat sie der Ingenieur Alberto Hagar wiederentdeckt.

Der Mond hat die Gestalt eines geometrischen Rhombus und besteht aus verschiedenen Kegeln, welche die Energie ebenso von unten nach oben bringen wie von oben nach unten; sie werden durch die Kraft der universellen Spiralbewegung angetrieben. Wir unterscheiden zwei wesentliche Farbtöne:

1. Die Farbe Silber, der Strahl des Lichts, der die heilige weibliche Energie begleitet. Mit diesem Strahl kann die Seele ihre weiblichen Muster wiederherstellen, die Eva aus dem Paradies wiedererwecken.

2. Die Farbe Violett. Sie bietet ihre Feuerkraft an, um uns von unseren begrenzenden Bedingungen zu reinigen, zu befreien

und zu heilen und uns auf die höchste Schwingungsebene unseres Seins emporzuheben.
Der violette Strahl verschmilzt mit der intensiven silbernen Energie zu glitzernden Blitzen mit einem purpurfarbenen Glanz von erlesener Schönheit.

Stell dir jetzt vor, wie du in der Mitte dieser heiligen geometrischen Form des Mondes sitzt. Nimm wahr, wie die silbernen Energiekegel mit lila Schimmer gleichzeitig auf- und absteigen, wie sie dich reinigen und läutern, deine Vollkommenheit neu beleben und neu erschaffen. Dies alles geschieht durch die Arbeit der sanften, mütterlichen Liebe des Mondes zu den verkörperten Seelen hier auf Erden.
Es ist ganz wichtig, dass du dich in dieser Form siehst und fühlst und die intensive Energiearbeit aus dem göttlich-mütterlichen Bewusstsein und deren Auswirkungen in dir wahrnimmst.

Wenn du so weit bist, atme durch den Mund ein und nimm die Energie der Göttin Mutter in dir auf. Du kannst auch die Atmung des göttlichen Hauches wählen und dich gleichzeitig in der Mondgeometrie erfahren, damit deine Visualisierungen nach und nach wirkliche Veränderungen in deinem Schwingungsfeld bewirken. Behalte diese regelmäßige Atmung während des gesamten Aktivierungsvorganges der außersinnlichen Wahrnehmungen bei.

Die eigentliche Aktivierung besteht aus neun Stufen. In der großen Weisheit der Maya ist die Neun auch die heilige weibliche Zahl, die Zahl der Göttin. Jeder Schritt hat einen Bezug zu drei wesentlichen Schöpfungsaspekten und bildet so eine dreistufige

Energie. Aus ihr entstehen Bewegung und Schöpferkraft für das, was wir gerade dabei sind zu verwirklichen:

Farbe: Gott ist in seiner reinsten Essenz Licht. Und dieses glänzende, strahlende Farbenspiel des Lichtes ist eine heilige Sprache der göttlichen Schöpfung.

Klang: Alles im Universum ist Klang, denn es ist Schwingung. Das wird deutlich, wenn wir einen Klang auf einer Frequenzbreite der Schöpfung erschaffen und damit bewirken, dass sie sich deutlich zeigt.

Haltung: Sobald wir unseren Körper mit dem Zeigefinger, Mittel- und Ringfinger berühren, verbindet sich die bioenergetische Ladung der verschiedenen Bereiche unseres Körpers, die so lange Zeit unterbrochen war, dass unsere außersinnlichen Fähigkeiten nicht zum Einsatz kommen konnten.

Nachfolgend arbeiten wir immer auf der Mittellinie des Körpers oder des Kopfes.
Jede Stellung sollte mindestens 90 Sekunden bis maximal 3 Minuten gehalten werden. Es wird empfohlen, diese Aktivierung nach jeweils 72 Stunden zu wiederholen, also jeden dritten Tag. Insbesondere Vollmondnächte eignen sich sehr gut zum Üben. In diesen Nächten unterstützt uns die hohe Anwesenheit der Mondmutter besonders intensiv, da sie uns den silbernen Strahl für diese Aktivierung zur Verfügung stellt.

Meditation

Aktivierung der außersinnlichen Wahrnehmung mit der Geometrie des Mondes

Jetzt ist ein besonders geeigneter Zeitpunkt, um die göttlichen Gesetze wieder zurückzuholen, die uns zu Beginn der Schöpfung mitgegeben wurden: Die außersinnliche Wahrnehmung ist die Ausrüstung unseres strahlenden Lichtkörpers. Wir haben diese Fähigkeit aus verschiedenen Gründen verloren, aber jetzt ist die Zeit gekommen, die Verbindung mit dieser Daseinsfülle wieder aufzunehmen.

Wir beginnen mit ein paar tiefen Atemzügen und atmen dabei langsam aus.

Wir rufen jetzt den kraftvollen Kreis der Engel an. Mögen sie uns umschließen und uns ihre Kraft und ihr Licht übertragen, damit dieser Raum ein vortrefflicher Platz für unsere Arbeit werde. Möge auch die geistige Herzenskraft des Himmels diesen Raum erfüllen, die unendliche Liebe Gottes. Wir, der Kreis von Lichtfrauen, bitten um die Unterstützung der Meister, Führer der Menschheit und kosmischen Wesen. Wir rufen die heilige Energie der göttlichen Mutter und fühlen die Anwesenheit unserer eigenen göttlichen Essenz, die uns in der Einübung dieser Fähigkeiten unterstützt. Nimm wahr, wie sich deine Energie ausdehnt, wenn du die Atmung veränderst und den göttlichen Hauch durch deinen Mund aufnimmst. Während dieses Vorgangs empfangen wir die Unterstützung der heiligen geometrischen Form der Mondgöttin. In ihrem reinen Raum können wir klar und störungsfrei unser Wesen ausdehnen und unsere außersinnlichen Kanäle öffnen.

Der Heilungsprozess, den wir jetzt durchschreiten werden, besteht aus neun Stufen. Mit jeder Stufe dehnt sich unser Bewusstsein weiter aus. Unsere Lebenskraft und alle Bereiche unserer eigenen Bioenergie werden ins Gleichgewicht gebracht, damit wir eine kristallklare Ebene erreichen, in der sich die übersinnlichen Fähigkeiten wieder entfalten können.

Erste Position: Wir halten die Hände in Form einer Raute vor die Stirn. Die untere Spitze, also die Daumen, berührt die Nasenwurzel, die obere Spitze den Haaransatz. Diese Haltung unterstützt unsere Hellsichtigkeit, Intuition und Telepathie. Stell dir ein silbern schimmerndes Smaragdgrün vor und töne die Silbe »EM«.
Lass nun die Arme locker herunterhängen, entspann dich und atme mit dem göttlichen Hauch Schöpferenergie ein. Nimm wahr, wie dich der geometrische Körper des Mondes umhüllt, wie sein heiliger Raum auf diese Übung Einfluss nimmt; in ihm bewegen sich die wunderschönen silbern glänzenden Energiespiralen, die so kraftvoll wirken.

Zweite Position: Lege die drei mittleren Finger der einen Hand auf die höchste Stelle deines Kopfes, die gleichen Finger der anderen Hand auf die Mittellinie deines Hinterkopfes. Mit dieser Haltung aktivierst du den Hauptkanal, in dem sich unsere außersinnlichen Wahrnehmungen öffnen. Stell dir ein silbern schimmerndes Himmelblau vor und töne die Silbe »NA«.

Lass die Arme wieder fallen, kehre zu deiner hauchenden Atmung zurück und vergewissere dich, dass du dich im reinen Raum von Göttin und Mutter Mond befindest. Ihre silbernen Energiekegel verstärken diese Übung um ein Vielfaches und unterstützen dich in deinem Wachstum.

Dritte Position: Lege die drei mittleren Finger zwischen die Augenbrauen und die drei entsprechenden Finger der anderen Hand auf das (drei Fingerbreit unter dem Nabel liegende) Hara, auch »Sitz der Seele« genannt. Mit dieser Übung reinigst du dich von Begrenzungen in dem, was du erschaffst oder wie du handelst. Deine Seele wird geläutert und kann sich jetzt mit den feinstofflichen Welten verbinden. Stell dir die gelbe Farbe des Bernsteins mit einem silbernen Schimmer vor und töne die Silbe »MU«.

Lass dann wieder deine Arme fallen und atme mit dem göttlichen Hauch. Nimm wahr, wie du im Schoß der Mondgöttin liegst und wie du von ihrer silbernen Energie wundervoll massiert wirst, wie sie dir Ausgeglichenheit schenkt und die positive Wirkung dieser Übung um ein Vielfaches verstärkt.

Vierte Position: Lege drei Finger in den Nacken und die entsprechenden drei Finger der anderen Hand auf den Solarplexus. Stell dir einen silbern schimmernden Kristall vor. Nimm wahr, wie diese Farbe durch deinen Solarplexus eintritt und dich reinigt. Ziehe diese kristalline Energie zu deinem Nacken empor und lass sie dort wieder ausströmen, und zwar so, dass sie die Medulla oblongata (verlängertes Rückenmark) öffnet, damit du eine bessere Verbindung mit den feinstofflichen Ebenen erhältst, einen direkten Kontakt mit den Engeln, Erzengeln, Meistern und Lichtwesen. Während du dir die Farbe vorstellst, töne die Silbe »UK«.

Entspanne deinen Körper und beginne sofort wieder mit der göttlichen Atmung. Genieße es, im Bauch der Mondmutter zu sein. Mit ihrer außergewöhnlichen Kraft heilt sie deine Seele; dein Wesen wird auf der höchsten Ebene deines Seins klar wie ein Kristall. In ihrer göttlichen Allmacht umhüllt sie dich mit Süße und Sanftheit, so wie es nur eine Mutter mit ihrem Kind machen kann.

Fünfte Position: Lege drei Finger auf den Scheitel und die drei entsprechenden der anderen Hand auf das Steißbein. Mit dieser Haltung aktivierst du die Lebensenergie aus der Kundalini. Mit aller Macht steigt sie die Wirbelsäule hinauf und führt zur vollen Entfaltung deiner Spiritualität. Stell dir jetzt ein silbern schimmerndes Rot vor. Mit dieser Farbe aktivierst du die Kraft der Liebe, die in dir die irdische Ebene mit der himmlischen verbindet. Töne gleichzeitig die Silbe »ZAS«.
Kehre in deine Ausgangsstellung zurück, atme und seufze einmal tief und lass die Liebe der Mondgöttin in dich hineinströmen; sie begleitet dich bei dieser Übung, bringt dich ins Gleichgewicht und sorgt dafür, dass es dir rundum gut geht.

Sechste Position: Lege drei Finger auf die Mitte des Kopfes und die entsprechenden drei der anderen Hand zwischen die Augenbrauen. Mit dieser Haltung aktivierst du die höhere Verstandesebene. Sie ist unendlich schöpferisch und kann eine große Informationsmenge aufnehmen. Stell dir jetzt ein silbern schimmerndes Indigoblau vor und töne die Silbe »TI«.
Lass deine Arme locker herabhängen und atme tief, ganz tief. Du liegst im Schoß der Mutter und spürst ihre Brüste. Nimm wahr, wie sie dir die einmalige Fähigkeit der tiefen Wahrnehmung überträgt. Mit ihrem Licht macht sie dich zu einem schöpferischen, reinen Wesen und schenkt dir die Fähigkeit, dich mit den lichtvollsten Ebenen zu verbinden und in einem lebendigen Austausch mit dem höchsten Geist zu sein.

Siebte Position: Halte die linke Hand etwa 10 Zentimeter über deiner Kopfmitte, die rechte etwa 20 Zentimeter. In dieser Haltung kann sich unser Bewusstsein auf die höchsten Daseinsebenen erheben und sie dem Licht weihen. Stell dir ein silbern schimmerndes Violett vor und töne gleichzeitig die Silbe »OL«. Lass die Arme wieder locker hängen und atme den göttlichen Hauch durch den Mund ein, während du dich auf die heilige Geometrie des Mondes einstimmst. Bedanke dich für die Aktivierung, die sie für dich bereithält, für die Verfeinerung und Läuterung deiner Seele, damit sie im Einklang mit dem Großen Geist schwingen möge.

Achte Position: Bedecke den Hörgang beider Ohren mit deinen Händen. Diese Übung dient der Hellsichtigkeit. Stell dir ein silbern schimmerndes Weiß vor und töne die Silbe »ISH«. Löse die Stellung, kehre zur seufzenden Atmung zurück und fühle, wie du in der Kraftmitte der göttlichen Mondmutter stehst. Nimm die silberne Energie wahr, wie sie sich hin und her bewegt, von außen zu deinem innersten Sein und von dort wieder in dein äußeres Umfeld zurück. Nimm auch wahr, wie die Energie dein Wesen ausgleicht und deine Fähigkeiten verstärkt, damit deine außersinnliche Wahrnehmung in diesem reinen Raum wieder lebendig werden kann.

Neunte und letzte Position: Halte deine Hände mit den Daumen nach unten in Form eines Diamanten etwa 20 Zentimeter über deinem Kopf. Mit dieser Haltung erweckst du deine Diamantnatur. Dein Bewusstsein ist bereits rein und geläutert und kann sich in die höchsten Daseinsebenen einschwingen. Stell dir einen goldenen Kreis mit einem regenbogenfarbenen Lichthof und silbernen Spitzen vor. Töne gleichzeitig die Silbe »OM«.

Lass deine Arme wieder locker hängen. Bedanke dich von ganzem Herzen bei der silbernen Energie der Mondmutter, dass sie dich nährt und in ihrem Schoß wiegt. Danke ihr, dass sich dieser Prozess mithilfe ihrer unendlichen Liebe immer weiter verbreitet, damit die göttlichen Gesetze voll zur Geltung kommen und deine außersinnliche Wahrnehmung zu einem wirkungsvollen Werkzeug wird, mit dem wir hier und jetzt ein Leben auf höchster Bewusstseinsebene führen können.

Unendlichen Dank an die heilige weibliche Energie, die uns die Feinfühligkeit geschenkt hat, unsere Bewusstseinsfelder für die höheren Welten zu öffnen. Dank auch an unsere eigene göttliche Essenz dafür, dass sie in uns das tiefe Interesse geweckt hat, unsere angeborenen Fähigkeiten frei zu entfalten. Unser Dank gilt auch dem gesamten Universum. Wir wissen, dass wir jetzt eins mit der ganzen schöpferischen Kraft sind. Wir sind uns lebhaft aller geistigen Kräfte bewusst, die uns allzeit darin unterstützen, unser makelloses Wesen auszustrahlen, hier und jetzt, zu dieser Zeit, zum Wohl unserer eigenen Entwicklung und zum Wohl des Planeten – voller Liebe, Licht und göttlicher Gnade. Lasst uns jetzt gemeinsam sagen: »So sei es, so ist es, es ist vollbracht.« Und noch einmal wiederholen wir mit lautem Jubel: »So sei es, so ist es, es ist vollbracht.« Und wir besiegeln es ein drittes Mal: »So sei es, so ist es, es ist vollbracht.«

7

Die Verbindung mit den vier heiligen Elementen

Die Frau als Priesterin kann eine Verbindung zum Geist der heiligen Ebene der Naturelemente herstellen. Sie versteht es, mit ihnen zu sprechen, und diese mystische Arbeit bewirkt Wohlergehen, Heilung, Reinigung oder Befreiung.

Jedes Element ist mit seinem ursprünglichsten Wesenskern verbunden; in diesem hütet es seine kraftvollen Gaben, seine Schöpferkraft und höchste Einsatzmöglichkeit. Die Schamanenfrau kennt diese Schätze und setzt sie bei ihrer Heilarbeit meisterlich ein.

Feuer

Gemäß dem Schöpfungsmythos der Maya werden dem Schöpfergott Hunab Ku zwei Grundeigenschaften zugeschrieben: das Maß (Mathematik) und die Bewegung.
Feuer ist das erste Element der Schöpfung, denn durch seinen Impuls entsteht Bewegung. Es ist der Urimpuls – daher wird dieses Element »Großvater Feuer« oder »Urfeuer« genannt und ist mit der Quelle der Schöpfung verbunden. Es gibt viele Möglichkeiten, mit dem Feuer zu arbeiten. Mit der Flamme einer Kerze kann man sich besonders leicht verbinden.
Um in eine geistige Verbindung mit der Essenz und heiligen Energie des Feuers zu treten, beginnen wir mit der göttlichen Atmung. Dabei nehmen wir wahr, wie sich unsere Schwingung erhöht. Mit jedem Atemzug verstärkt sich unsere Ausdehnung, bis wir die reine, warme, kristalline Anwesenheit der heiligen Feueressenz wahrnehmen. Dann verbinden wir uns liebevoll mit dieser wunderbaren Ausstrahlung und öffnen uns für unsere Feinfühligkeit. Dabei bleiben wir bei der tiefen Atmung, um die reine Feuerenergie ganz bewusst aufzunehmen. Lass zu, dass dich diese Erfahrung nach und nach durchdringt, dass sich die Energie direkt mit dir vereint und dich die Reinheit des Feuers wissen und spüren lässt.

Feuerritual für ein bestimmtes Anliegen

Lasst uns unser Priesterinnen-Amt wie lebende Göttinnen mit großer Schöpferkraft und mit der Unterstützung des heiligen Feuers bekleiden; es wird uns dabei helfen, ein Anliegen zu verwirklichen.

Ein solches Anliegen sollte folgende Eigenschaften aufweisen:

- Es stellt ein positives Ziel dar; es strebt das Gute an, Schönheit, Güte und alle Eigenschaften, die den Geist erheben.
- Es ist offen hinsichtlich der Form und des Kanals der Verwirklichung; es begrenzt *nicht* den Fluss der Lebensenergie auf ein ganz bestimmtes Anliegen. (Ein Beispiel: Falsch wäre es, einen Lottogewinn zu ersehnen; richtig wäre es, zu sagen: »Ich öffne mich für die ganze Fülle des Universums, für sämtliche Wege und alle wirksamen Formen.«)
- Es hat allgemeingültige Voraussetzungen. (Ein Beispiel: »Ich bitte darum, dass die unendliche Liebe Gottes in das Leben von ... [Name desjenigen, den du unendlich liebst] eintritt, zu seinem allerbesten Wohl und damit er seine höchsten geistigen Ziele erreicht.«)

Wenn wir in der Lage sind, unser Anliegen auf eine allumfassende Ebene zu heben, kann die Schöpferenergie in all ihrer Fülle fließen.

Es ist wichtig, immer den vollständigen Namen auszusprechen, sei es dein eigener oder die Namen von anderen. So kann die Energie entsprechend zielgerichtet vorgehen und das gewünschte Anliegen einspeichern.

Zum Schluss eines Anliegens sollte man immer betonen, dass dies in der vollkommenen göttlichen Ordnung geschehen soll, zum Wohl aller Beteiligten, und dass es das höchste Maß an Harmonie, Frieden und Schönheit bewirken möge. Dann bittet man um ein deutliches Zeichen, dass sich alles auf höchster Ebene zu harmonisieren beginnt.

Die Methode

Wir setzen uns vor eine Kerze, ohne sie jedoch anzuzünden. Mithilfe der göttlichen Kinich-Ahau-Atmung heben wir unser Bewusstsein auf eine geistige Ebene. Sobald wir die Verbindung mit dem heiligen Feuer aufgebaut haben, bitten wir es um eine Zusammenarbeit zugunsten der Verwirklichung eines bestimmten Anliegens (mit den oben erwähnten Eigenschaften) – etwa um die Gesundheit eines Menschen oder um Veränderung eines Zustands, bei dem sich nun angenehme Fülle, Weisheit usw. im Leben des Betreffenden zeigen möge.

Wir öffnen unsere feinstofflichen Kanäle und nehmen die Verbindung mit dem heiligen Feuer wahr, wie es das Anliegen aufgenommen hat und uns die erbetene Wunscherfüllung in Aussicht stellt.

Dann heben wir beide Hände und bitten die Flamme mit einer Geste darum, aus der Urschwingung des heiligen Feuers energetisch herabzusteigen. Dabei beobachten wir, wie sich die Lichtessenz langsam bis zum Kerzendocht herabsenkt und ihn mit dem Energiefeld umhüllt, das wir aus der hohen Schöpferebene mithilfe des heiligen Feuers herbeigeholt haben.

Sobald sich diese Schwingung herabgesenkt hat, können wir die Kerze anzünden. Dies sollte in tiefer Hingabe geschehen, da die Flamme bereits mit unserem Anliegen arbeitet.

Wie lange sollte die geweihte Kerze brennen?

Bei einem sehr ernsten, schwierig erscheinenden Anliegen sollte die Kerze 33 Tage lang brennen. Wenn das Anliegen weniger schwierig ist, lassen wir die Kerze 9 bis 15 Tage brennen. Wenn der Fall sofort gelöst werden kann, zum Beispiel wenn es sich

um eine akademische Prüfung handelt, sollte die Kerze 24 bis 72 Stunden brennen.
Wenn eine Kerze fast abgebrannt ist, jedoch die Verwirklichung des Anliegens noch nicht deutlich zum Ausdruck gekommen ist, zündet man mit der Flamme dieser Kerze rechtzeitig eine neue Kerze an. Sollte die Flamme erlöschen, bevor das Anliegen abgeschlossen ist, wiederholt man die Kerzenweihe mit der neuen Kerze, damit die Wirkung anhält. Brennt die Flamme ohne Unterbrechung weiter, ist eine neue Weihe nicht nötig.
Für jedes Anliegen sollte am besten nur eine einzige Kerze verwendet werden, die dann eben in der idealen Größe ausgewählt wird. Eine einzelne Flamme kann auch nicht zwei oder mehr Anliegen bearbeiten bzw. zwei oder drei Menschen gleichzeitig behandeln. Wir können jedoch mehrere Kerzen für mehrere Anliegen oder Menschen, denen wir helfen möchten, anzünden.
Der Dienst, den wir unseren Lieben mit der heiligen Kerzenweihe zur Erfüllung eines bestimmten Wunsches erweisen können, ist von unschätzbarem Wert; er fügt niemandem Schaden zu, denn unser Anliegen wird von uns stets im heiligen Auftrag der Liebe ausgeführt.

Wasser

Dieses Element ist weiblich gepolt. Mit seiner starken magnetischen Kraft zieht es die unterschiedlichsten Schwingungsfelder an. Wasser ist sehr empfänglich für unsere Anrufung, wenn sie aus unserem Herzen kommt und mit der Bitte verbunden ist, das entsprechende Anliegen zu unterstützen.
Atme langsam, sanft und tief ein und lass die göttliche Energie

voll und ganz in dich einströmen. Nimm wahr, wie sich dein Bewusstsein immer mehr anhebt, bis du eine starke Verbindung mit der heiligen Essenz des Wassers fühlst, der göttlichen Flüssigkeit aus dem Schoß der himmlischen Mutter.

Energetisierung des Wassers

Haben wir diese mystische Verbindung mit dem Urwasser geknüpft, können wir ein bestimmtes Anliegen darin abspeichern, zum Beispiel: Licht zu bringen, Heilung für ein Organ, geistige Klarheit oder eine Verbesserung in einem bestimmten Lebensbereich.

Wir halten unsere Hände über eine Schale mit reinem Wasser und fühlen, wie reine, göttliche Wasserenergie zusammen mit unserem eingespeicherten Anliegen in die Schale fließt. Wir lassen unsere Hände so lange oben, bis uns unsere feinstoffliche Wahrnehmung sagt, dass das mit dem Anliegen durchtränkte Wasser magnetisiert worden ist. Wir können das Wasser zum Beispiel mit der Bitte um Heilung für einen bestimmten Menschen energetisieren und es diesem Menschen dann zum täglichen Gebrauch anbieten. Natürlich können wir auch reines Wasser für uns selbst aufbereiten und unsere eigenen Bitten um die Verwirklichung unserer wahren Fähigkeiten darin abspeichern.

Reinigung von Orten mithilfe von Wasser

Wasser besitzt die Kraft, Lebensräume von negativer Energie zu reinigen: Ärger, Zerwürfnisse, Feindschaft, Neid, Eifersucht; Energien, die ein Mensch, der nicht mit sich im Reinen ist, an seine Umwelt abgibt und die sich dann wie eine negative Ladung dort hält; alle Menschen, die sich darin aufhalten und dorthin kommen, erleben diese Energien als störend.

Um ein solches Umfeld zu reinigen, füllt man ein größeres Glasgefäß (Schale, Kugelvase o.Ä.), zu drei Viertel mit sauberem, reinem Wasser. Das Wasser sollte möglichst ohne chemische Zusätze oder andere Schadstoffe sein, daher empfehle ich Mineralwasser aus einer Glasflasche.
Mit dem göttlichen Hauch (Kinich-Ahau-Atmung) gelangen wir in energetisch höhere Ebenen, bis sich unsere eigene Energie mit jener des göttlichen Wassers vereint. Von ganzem Herzen bitten wir darum, dass dieses gesegnete Wasser uns darin unterstützt, allen Streit zu bereinigen, und uns hilft, diesen Lebensraum zu heilen, sei es ein Haus, Büro, Zimmer oder ein anderer Ort. Dort lassen wir die Schale mit Wasser 72 Stunden lang arbeiten. Danach sollte das Wasser sehr sorgsam weggegossen werden: Dabei ist darauf zu achten, dass es von keinem Lebewesen – weder Mensch noch Tier – getrunken wird, da es sehr viele Schadstoffe aufgenommen hat. Selbstverständlich gießen wir auch keine Pflanzen damit! Ich wiederhole: Dieses Wasser sollte sofort über die Kanalisation entsorgt werden!

Luft

Es ist das am höchsten feinstoffliche Element und hat einen Bezug zur formlosen Substanz des Geistes. Man weiß heute, dass harmonische Laute, Mantras oder der Klang heiliger Instrumente eine direkte Wirkung auf unser Aurafeld und das Energiefeld jedes einzelnen Organs in uns besitzt. Dieser Widerhall bewirkt Veränderungen in unserem Wohlbefinden, unserem Lebensgefühl und unserer Schwingungsfrequenz.

Durch die Kinich-Ahau-Atmung verbinden wir uns jetzt mit dem heiligen Wind, dem heiligen göttlichen Odem, und nehmen diese mystische Verbindung bewusst wahr. In diesem Bewusstsein bitten wir den heiligen Wind, uns in unserem Anliegen zu unterstützen – sei es, Heilung zu bringen oder eine bestimmte Angelegenheit zu lösen. Das kann für dich selbst oder für jemand anderen sein. Bitte um die Verwirklichung geistiger Eigenschaften, die Segnung von Lebensräumen usw. Um die Verbindung aufrechtzuerhalten, können wir auch tönen oder Mantras singen. Wie wir wissen, stammt die eingeatmete Luft aus dem Lichtkörper dieses gesegneten Elementes, das heißt aus seiner Essenz. Wir sprechen dann von Prana, Lebensenergie pur. Wenn wir diesen Lufthauch über einen Ton oder ein Lied wieder herausgeben, tun wir es mit der Absicht, Harmonie, Schönheit und Liebe zu verbreiten. Jedem Ton ist eine Schwingung zu eigen, die sich auf den Gegenstand oder Menschen überträgt, auf den sie gerichtet ist. Das dadurch entstandene harmonische Echo hebt die Energiefelder auf ihre höchste Schwingungsebene und gleicht sie aus. Dieser Gleichklang bringt die so sehr ersehnte Heilung, Frieden, Harmonie oder spirituelle Anbindung.

Musikinstrumente

Bei Ritualen oder Zeremonien der verschiedenen alten Weltkulturen wurden immer Trommeln, Muscheln, Glocken und Schellen, Flöten, Pfeifen, und andere Holzinstrumente, Klang- und Hohlkörper usw. eingesetzt. Heute wird bestätigt, dass der Mensch über Klang in höhere Bewusstseinszustände oder in eine geistige Verbindung mit dem Göttlichen eintreten kann. Wenn wir sie entsprechend weihen, werden diese Instrumente wieder zu heiligen Werkzeugen. Damit hat sich unser Bewusstsein in einem Weiheprozess auf die Ebenen des Großen Geistes erhoben. Ihm haben wir dieses Instrument geweiht, damit aus ihm ein göttlicher Klang ertöne, der Wohlergehen, Heilung, Harmonie, Frieden und Erweiterung von Blickwinkeln erschafft. Wir weihen unsere Instrumente auf diese Weise, damit die kraftvolle Verbindung mit dem göttlichen Hauch in ihnen eingespeichert ist und sie während der Zeremonien ein feines Echo in den Energiefeldern der Zuhörer erzeugen. Hier gebe ich euch einen wichtigen Hinweis: An der Stelle, wo die Instrumente aufbewahrt werden, sollten auch immer große Meeresmuscheln stehen.

Wenn du ein Klanginstrument etwa 3 Zentimeter vom Körper eines Menschen entfernt bewegst, kannst du damit auch seine Aura reinigen und ihn in eine harmonischere Schwingung bringen. Zur Heilung kannst du auch Stimmgabeln verschiedener Größen über bestimmte Organe bewegen oder die gesamte Aura damit abtasten.

Erde

Auch die Erde ist ein Element, das der heiligen weiblichen Energie zugeordnet wird. Sie empfängt den Samen in ihrem Schoß, trägt ihn in sich und lässt ihn reifen. Diese Fähigkeit steht in einem direkten Zusammenhang mit der natürlichen Fähigkeit der Frau, schwanger zu werden und ein Kind auszutragen. Das Element Erde kann in drei Teilbereiche untergliedert werden: Quarze/Edelsteine; Blumen/Pflanzen; Samen/Körner.

Quarze/Edelsteine

Das sind Mineralien, die in der Erde unter Druck oder Temperatur kristallisiert sind. Sie besitzen allesamt besondere Eigenschaften, die Mutter Erde uns für die Heilung von Körper, Seele und Geist anbietet.

Achat

Anerkennung der Gefühle, körperliche Ausgeglichenheit. Er verstärkt andere Steine.

Amethyst

Purpurfarbener Quarz. Unterstützt die psychisch-geistige Öffnung auf irdische Weise: Kreativität, Mut, Intuition, Selbstwert. Verwandelt das Negative ins Positive, sodass uns ein negativer Gedanke oder eine negative Situation etwas Positives zurückgeben kann. Ist als Meditationsstein bekannt. Seine Energie ist wohltuend, beruhigend und beschützend, so etwa bei kreisenden Gedanken oder belastenden Gefühlen.
(6. Chakra/Drittes Auge oder 7. Chakra/Kronenchakra)

Aquamarin

Verbindet die Seele mit der geistigen Essenz, fördert feinfühlige Kommunikation. Hilft bei Zahnproblemen, aktiviert die Thymusdrüse. Befreit von Gefühlen der Einsamkeit, Isolation und des Getrenntseins. Fördert geistige Klarheit und Inspiration. Wirkt beruhigend und verstärkt den persönlichen Ausdruck.

Azurit

Dieser Stein kann eine hellblaue oder dunkelblaue Farbe haben. Je nachdem, wie stark der Druck der Erde auf den Azurit ist, kann er auch zu einem Malachit werden. Sehr gut bei Infektionen, Viruserkrankungen und degenerierten Krebszellen.

Bergkristall

Dieser kraftvolle Stein verstärkt und lenkt Gedankenformen. Seine eigentliche Aufgabe besteht in der Reinigung und im Ausgleich unseres Seins: Dann können wir der Welt mit Freude und Optimismus begegnen, sodass Glückseligkeit in unser Leben eintritt. Dieser Stein ist besonders hilfreich, wenn sich unsere Aura bei unerwarteten Ereignissen verändert. Auf körperlicher Ebene schenkt er dem gesamten Organismus neue Lebensenergie. Es ist empfehlenswert, diesen Stein in der Küche oder im Esszimmer des Hauses zu benutzen.
(Alle Chakras; besonders das 7. Chakra/Kronenchakra und das 1. Chakra/Wurzelchakra)

Bernstein

Versteinertes Harz, kein Stein. Gut für Lungen, Gedächtnis. Wirkt beruhigend, beschützend. Verstärkt die Anwesenheit des Großen Geistes, aktiviert die Sonnenebenen. Er hat einen Bezug zum Christusbewusstsein.

Citrin

Löst Energieblockaden auf der körperlichen Ebene. Aktiviert den goldenen Strahl, öffnet die höheren geistigen Ebenen, verstärkt die Vision. Gleicht aus, schafft Selbstvertrauen, unterstützt den Entzug bei Süchten. Beschleunigt Verstandes- und Lernvorgänge.

Diamant
Löst Blockaden und Negativität, gleicht die Gehirnhälften aus, entzieht dem Körper Gifte. Verstärkt den Kristallkörper und die Übermittlung von Botschaften der geistigen Führer.

Fluorit
Gut gegen Arthritis. Nimmt auf und reinigt muffige, von negativen Emotionen verunreinigte Luft.

Granat
Hilft gegen Entzündungen und verstärkt Heilungsprozesse. Dient der Festigkeit des Skeletts und der Knochen; ist gut für Lunge, Darm, Kapillargefäße, bei genetischen Erkrankungen. Wirkt harmonisierend auf den astralen, emotionalen und ätherischen Körper. Unterstützt das Immunsystem, erhöht die Lebenskraft. Dieser Stein war in den alten Kulturen auf dem Brustschild der Priester zu finden. Unterstützt den Kreislauf (insbesondere im Bereich von Lungen, Haut und Darm), fördert Wärme, Energie, Lebenskraft. Verstärkt Vorstellungskraft und Selbstwert.

Jade
Blutreiniger, der das Immunsystem und die Nieren kräftigt. Erschafft göttliche Liebe und stärkt Verbindungen zu Mutter Erde. Beschützt vor möglichen Verletzungen und Unfällen.

Kunzit
Der Edelstein der universellen Liebe. Die Streifen in seinem Inneren zeigen, dass sich die Energie sehr schnell bewegt. Unterstützt den Kreislauf, löst Blockaden im Gefühlsbereich, schenkt

Frieden. Darüber hinaus nimmt er uns das Gefühl, eine Last auf den Schultern zu tragen. Regt die Entfaltung bedingungsloser Selbstliebe an. Wirkt heilsam bei Aids und Tumoren.

Lapislazuli

Verstärkt psychische Fähigkeiten, öffnet die Hellsichtigkeit. Reinigt die Kehle und den sprachlichen Ausdruck. Richtet den ätherischen, mentalen und geistigen Körper aus und verstärkt Gedanken. Unterstützt die medizinische Wirkung jeder Heilung.

Malachit

Gleicht die rechte und linke Gehirnhälfte aus und wirkt positiv bei sogenannten Geisteskrankheiten. Schützt vor Strahlung, fördert die Erneuerung von Gewebe. Unterstützt den persönlichen Ausdruck und Visionen.

Olivin

Unterstützt die Erneuerung von Gewebe. Verstärkt Klarheit, Hellsichtigkeit und Geduld; wirkt beruhigend und ausgleichend. Richtet alle feinstofflichen Körper aus und fördert positive Gefühle.

Opal

Bietet Schutz, bringt Freude und Schöpferkraft. Verstärkt das kosmische Bewusstsein, die Intuition und Harmonie. Gleicht Gefühlsschwankungen aus.

Pyrit

Unterstützt das Verdauungssystem, ist gut für die roten Blutkörperchen und den Kreislauf. Wirkt beruhigend bei Ängsten, Frustration, Depression. Zieht Geld an.

Rodochrosit
Reinigt das Unterbewusstsein und verstärkt die eigene Identität.

Rosenquarz
Seine entspannende und beruhigende Schwingung verstärkt alle Formen der Liebe, angefangen mit der Selbstliebe, die wir benötigen, um andere lieben zu lernen. Er ist ein besonders wohltuender Trost für jemanden, dessen Gefühle verletzt wurden. Besänftigt die Gefühle, stimuliert die Kreativität und schenkt inneren Frieden und Harmonie. Stärkt das Vertrauen, den eigenen Ausdruck, Kreativität und Wohlstand. Ich empfehle ihn besonders für das Schlafzimmer.
(4. Chakra/Herzchakra und 1. Chakra/Wurzelchakra)

Rubin
Ein Antidepressivum; wirkt auf den Kreislauf. Der Sternrubin lehrt uns die Ausgeglichenheit mit dem Kosmos. Er verstärkt unsere Energie, hilft bei der Aufnahme von Kalzium, Eisen, Magnesium und Vitamin E.
Wirkt gut gegen Arthritis, Darmträgheit, Ohnmacht und unterstützt die Nervenzellen. Der Rubin ist ein weiterer Edelstein, den die Priester im Altertum auf ihrer Brust trugen. Er ist ein geistiger Harmonisierer; schenkt Vertrauen, Beweglichkeit, Energie, Lebenskraft, Hingabe und Führungseigenschaften.

Saphir
Unterstützt das Drüsensystem, wirkt stimmungsaufhellend. Fördert Hellsichtigkeit, Telepathie, »weibliche« Eigenschaften und stellt eine Verbindung zu den geistigen Führern her. Verbessert den Ausdruck.

Smaragd
Dieser Stein wird bei Verdauungsbeschwerden angewendet. Er stärkt das Immunsystem, verbessert die Sehkraft, unterstützt Milz, Leber, Nervensystem und Haut. Gleicht die Gefühle aus, hebt das Bewusstsein und macht ausgeglichen. Der Stein besitzt eine besonders positive Ausstrahlung und gehörte deshalb zur Ausstattung des Brustschildes der Priester. Er vereint Partner, verbessert Beziehungen und Meditation, wirkt entspannend und gleicht das Herz aus; zudem regt er Hellsichtigkeit und außersinnliche Fähigkeiten an und hilft bei sogenannten Geisteskrankheiten.

Topas
Unterstützt Verstehensprozesse, gleicht Gefühle aus, fördert die Schöpferkraft. Wirkt entspannend und erleichtert die Erneuerung von Gewebe.

Turmalin
Löst Furcht, Negativität und Trauer auf, beruhigt Zwanghaftigkeit. Fördert die Gesundheit. Bringt Ausgeglichenheit in Beziehungen.

Türkis
Stärkt den physischen Körper, unterstützt die Erneuerung von

Gewebe und den Kreislauf. Richtet die feinstofflichen Körper aus, schützt vor Negativität. Verstärkt die übersinnliche Wahrnehmungsfähigkeit.

Anwendung
Grundsätzlich werden Edelsteine für ca. 30 Minuten direkt auf den Körper einer Person gelegt, und zwar auf die Stelle, wo er das Gefühl hat, sie zu benötigen.
Man kann sie auch während des Tages in einem kleinen Beutel am Körper tragen.
Der Gebrauch von Edelsteinen bei der Heilarbeit verbindet uns wieder mit der Vertrautheit, die unsere Vorfahren besaßen, wenn es um die Naturkräfte und die starke mystische Energie geht, die Gesundheit und Wohlergehen in unser Leben bringen können.

Achtung, bei dieser Form der Heilarbeit, auch »Edelsteintherapie« genannt, ist es wichtig, die Steine nach Gebrauch zu reinigen: Wir legen sie in ein Gefäß mit Wasser, das mit 3 Esslöffel Meersalz pro Liter angereichert ist. Bei dieser Form der Reinigung laden sich Steine und Edelsteine mit neuer Energie auf und sind bereit für weitere Heilarbeit.
Persönliche Steine, die du als Schutz bei dir trägst, sollten nicht von anderen Menschen berührt werden. Der Stein arbeitet direkt auf deiner bioenergetischen Ebene. Wenn jemand anderes ihn in die Hand nimmt, überträgt sich dessen Bioenergie durch die Wärme seiner Hand, sodass der Stein bei seiner Arbeit mit dir, dem eigentlichen Träger, gestört wird.
Persönliche Steine sollten jeweils nach 28 Tagen, das heißt einmal im Monat, beim Licht des Vollmondes und in Salzwasser-

lösung gereinigt werden. Nach der Vollmondnacht nimmst du den Stein aus dem Wasser und legst ihn für etwa 24 Stunden in die Sonne. In dem Lichtzyklus von Vollmond und Sonne kann er seine Energie vollständig erneuern.

Pflanzen/Blumen

Blumen sind der auf die Erde herabgestiegene Geist der Schönheit. Jeder Ort erfährt durch die hohe geistige Schwingung von Blumen eine Segnung. Spricht die Medizinfrau mit dem Geist der Blumen, kann sie diese darum bitten, sich als Energiefelder von Harmonie und Schönheit für eine Heilung zur Verfügung zu stellen und gleichzeitig durch ihre Präsenz alle Störfelder aufzulösen.

Heilpflanzen

Wie man weiß, tragen diese Pflanzen ein aktives Prinzip für die Heilung in sich, das eine bestimmte Wirkung auf den Organismus und die Psyche hat, und sogar auf die jeweilige Umgebung. Trotzdem muss die Schamanenfrau als Wissende um die Essenz des Lebens zuerst mit dem Pflanzengeist in einen mystischen, telepathischen Dialog eintreten und voller Hochachtung darum bitten, diesem Menschen ... [den vollständigen Namen hier nennen] bei seinem bestimmten Anliegen zu helfen (Gesundheit, Fülle, Liebe, Frieden oder die Lösung einer bestimmten Lebenssituation).

Die weisen Heilerinnen des Altertums wussten, dass sie nicht viele verschiedene Pflanzen für die Heilung benötigten. Sie wussten, dass wenige Pflanzen-Geistwesen ausreichten, die jedoch umso enger mit ihrer eigenen geistigen Essenz verbun-

den waren. Mit diesen wenigen Pflanzen konnten die Heilerinnen eine große Bandbreite an Symptomen und Situationen heilen, da sie nicht nur mit der aktiven biologischen Substanz der Pflanzen, sondern mit ihrem lebendigen Wirkstoff oder Geist arbeiteten, und dadurch die Vielzahl unterschiedlicher Wirkungen erreichen.
Die Medizinfrau weiß, dass die Heilpflanzen ihre eigene Ausstrahlung der Liebe ergänzen, denn nur im Dienst der Liebe kann wirkliche Heilung geschehen.

Samen/Körner
Sie enthalten den Lebenskeim, die Möglichkeit zur Schöpfung. Daher haben sie einen direkten Bezug zu allem, was wir unter einer reichen Ernte für die Ernährung und den täglichen Lebensunterhalt verstehen. Diese Fülle des Lebens ermöglicht uns ein angenehmes Leben.
Samen und Körner sind mit den Ritualen für Fülle verbunden. Man führt diese Rituale aus, wenn der Mensch seine tiefste Feinfühligkeit als Eigenschaft der heiligen weiblichen Urkraft entdeckt und mit dem Großen Geist in Verbindung tritt. Der Große Geist unterstützt Leben in all seinen Formen. Aus höherer Bewusstseinsebene bewegen wir mit unseren lichtvollen Händen die Samenkörner. Aus tiefstem Herzen bitten wir darum, dass sich die kraftvolle Fülle des Himmels in sie hineinlegen möge und dass ihre Schwingung das materielle Wohl, die Güter, die wir benötigen, entstehen lässt. Wenn wir Samen oder Körner berühren, geben wir unsere Schwingung in sie hinein. Damit zeigen wir, dass wir ein Leben in größter Fülle annehmen und dass wir dieses Wohl mit allen anderen Lebewesen teilen möchten.

Ritual

Wenn wir Samen benutzen oder aussäen, sollten wir vorher 15 bis 30 Minuten beten und darum bitten, dass sich die Energie von Fülle in diese Samen legen möge. Danach legen wir die Samen in ein Gefäß aus natürlichem Material (Holz, Ton, Glas, Keramik, aber keinesfalls Kunststoff). Dieses Gefäß stellen wir an einen besonderen Ort, damit es ein ganzes Jahr lang seine Schwingung an das Umfeld abgibt. Nach dieser Zeit graben wir ein Loch in die Erde und bieten Mutter Erde das Gefäß als Opfergabe an. Dabei danken wir ihr für alles, was wir während dieses Jahres empfangen haben. Wir bieten ihr diese Opfergabe an, damit sich die Lebenskraft erneuern und mit frischer Energie in einen neuen Zeitabschnitt eintreten kann. Nach Ablauf eines Jahres sollte das Ritual der Fülle mit den Samen wiederholt werden. Diese Samen kannst du übrigens auch immer an andere Menschen weitergeben, damit Fülle in ihr Leben treten möge.

Zusammenfassung

In der Verbindung mit der höchsten Schwingungsebene jedes dieser Elemente wird uns die Kraft übertragen, eine lang ersehnte neue Wirklichkeit zu erschaffen. Dieser Dienst des bewussten Miterschaffens am Wohl der Gemeinschaft ist eine Fähigkeit der Göttin Mutter.

Mutter Erde und ihr Bolon-Ti-Ku (9 Gedächtnisspeicher)

Der tiefste Wesenskern aller Weiblichkeit hat einen starken Bezug zur heiligen Energie von Mutter Erde. Wie lebende Göttinnen schwingen beide auf dem gleichen Ton. Beide haben grundsätzlich das gleiche großherzige Wesen mit seinen lenkenden, liebevollen und beschützenden Eigenschaften.

Wie wir wissen, ist die Erde nicht nur der Planet, auf dem wir wohnen, sondern auch ein großes, majestätisches Geistwesen, das seine Essenz mit allen Lebewesen auf ihr teilt. In den verschiedenen alten Kulturen pflegte man immer eine mystische Verbindung mit Mutter Erde. Sie war die liebevolle Mutter, die für den Lebensunterhalt ihrer Kinder Sorge trug und darüber wachte. Ihr zu Ehren gab es Zeremonien und Opfergaben. Im Alltag äußerte sich dies in dem Gefühl, in den warmen Armen des Geistes von Mutter Erde gewiegt und von ihm behütet zu werden.

Mit dem Wiederaufleben von Begriffen zu Ehren der weiblichen Essenz ist es jetzt an der Zeit, die geistige Verbindung mit Gaia, der Essenz des Lebens, wiederherzustellen. Mit der Freude der Göttinnen, die damals auf den Naturoasen tanzten, gilt es jetzt, das Ritual wiederzuentdecken, das uns in Liebe und für immer mit dem Lebensraum der Göttin Mutter Erde vereint.

Durch die Weissagungen, insbesondere die Weissagungen der Maya, wissen wir, dass das planetarische Leben in einen neuen Abschnitt eintritt, in dem sich auch das Kontinuum von Zeit und Raum, das wir in den letzten 26 000 Jahren erfahren haben, verändern wird. Es wird einen Quantensprung geben, der den Planeten und die Menschen auf ihm in eine neue Dimension und ein neues Energiefeld hebt. Diese Zeitenwende ist für den 22. Dezember 2012 vorausgesagt, sodass uns die neue Schwingung im Jahr 2013 erreichen könnte. Diese grundsätzliche Veränderung geschieht durch die Umwandlung des alten Glaubens, der an Leid, Mangel, Krankheit und Tod gebunden war. Stattdessen treten ein neues Verständnis und Bewusstsein für Liebe, Einheit, Fülle, Gesundheit und sogar Unsterblichkeit sowie multidimensionale Erfahrungen und Überbewusstsein in unser Leben.

Die Zeitenwende wird kommen, weil wir jetzt als Menschheit und in unserem Leben auf diesem Planeten bereit sind, in eine neue Energiespirale zu treten. Die Wende geschieht jedoch nicht automatisch, sondern ist das Ergebnis eines von Sieg gekrönten Prozesses, bei dem alle gespeicherten Erinnerungen an Schmerz und Leid gelöscht werden, die wir in das Energiefeld von Mutter Erde und in alle ihre Gedächtnisschichten eingraviert haben.

Die Weisen der Maya nannten Mutter Erde »Kinam Nah Ixchel«. Sie wussten, dass sie aus neun Schichten besteht. Die erste beginnt an der Erdoberfläche, alle weiteren verlaufen konzentrisch zum Erdmittelpunkt, bis hin zur neunten Schicht, dem Magnetkern im Inneren der Erde, wo die geistige Kraft und weitere Essenz dieses gesegneten Planeten verwurzelt ist.

Das Lernen auf dem Planeten Erde wird nicht mehr durch Leid geschehen; in der neuen Zeit wird die Menschheit durch Liebe lernen können.

Das bedeutet, dass unser geistiges Wachstum durch Erfahrungen möglich sein wird, die Schönheit, Güte und Licht für unser Leben bereithalten. Und es bedeutet auch, dass sich unsere Aufmerksamkeit darauf richten wird, Harmonie, Einheitsbewusstsein und Synchronizität in unser Leben zu bringen; wir konzentrieren uns auf Energien, mit denen wir die Vielschichtigkeit des Universums als ein Ganzes begreifen.

Mutter Erde fordert von ihren Kindern, der Menschheit, dass sie diese Veränderungen jetzt in ihren persönlichen Energiefeldern vornehmen, in ihrer eigenen Psyche. Sie möchte, dass wir unsere seelischen Wunden heilen, damit wir als inkarnierte Wesen eine harmonische Schwingung erreichen, die dann zu einem neuen Schwingungsfeld des gesamten Planeten Erde beiträgt.

Aus diesem Grund müssen wir uns die neun Gedächtnisschichten von Mutter Erde ins Bewusstsein rufen, oder wie die Maya es nannten, den Bolon-Ti-Ku. Ihre Schichten haben einen engen Bezug zu unseren eigenen Gedächtnisspeichern. Wenn wir also diese Schichten in uns persönlich reinigen, haben wir damit sozusagen auch zum Reinigungsprozess von Mutter Erde beigetragen.

Heilung der 9 Schichten des Bolon-Ti-Ku
Die Beschreibung der Schichten im Einzelnen:

1. Schicht: das Gedächtnis von unserer Umwelt
Das ist die Ebene unseres Bewusstseins, welche die Daten aus unserem täglichen Leben aufnimmt. Diese Daten informieren

uns über schädliche Beziehungen, auslaugende Verbindungen, über die tagtäglichen falschen Erwartungen, Ungerechtigkeiten und Missklänge.
Wenn wir uns jetzt diese täglichen Begrenzungen bewusst machen, bitten wir mit all unserer Kraft um himmlische Unterstützung. Mögen uns die Engel helfen, diese Welt von Schmerz und Leid zu reinigen – was sich auch in unserem persönlichen Leben widerspiegelt.

Für diesen Akt der Befreiung atmen wir jetzt ein paar Minuten mit kurzen Stößen kraftvoll durch den Mund ein und aus, begleitet von der Absicht, Feindschaft, Neid, Schuldgefühle und alles, was unseren Beziehungen schadet, loszulassen. Wir gehen dann zu der hauchenden Kinich-Ahau-Atmung über. Schon eine Minute dieser kurzen, befreienden Übung verändert dich und deine Umgebung: Nimm wahr, wie dank der grenzenlosen göttlichen Liebe nun Verzeihung und Reinigung in deinem Leben geschehen und dein Leben, deine Welt und deine Situation befreien.
Um die Arbeit auf dieser Schicht abzuschließen, sprich die folgende Anrufung 9-mal hintereinander voller Überzeugung:

Ich bin die Herrlichkeit
meiner befreiten Welt. [9-mal]

Sie ist mit aller Macht hier verankert, auf ewig unterstützt,
auf allen Ebenen tätig und dehnt sich unbegrenzt aus,
bis alle Kinder der Erde ihre vollständige Verwirklichung
als solare Wesen erreicht haben
und ihre Christusenergie in ihnen als ewiges Licht erstrahlt.

2. Schicht: das Gedächtnis unserer Eltern

In der Psychologie wird diese Schicht »das Unterbewusstsein« genannt. Es ist die Schicht, die manchmal bewusst, manchmal unbewusst ist. Sie speichert alle Informationen über unsere Zeugung, die Zeit der Schwangerschaft, den Geburtsvorgang, die Entbindung sowie über die ersten sieben Lebensjahre. Aus diesen Erfahrungen bildet sich das große Gedächtnis unserer psychischen Struktur, das uns nur bis zu einem gewissen Maß bekannt ist.

Nimm zuerst ein paar tiefe, kurze Atemzüge und befreie dich dabei von allen schmerzhaften Vorstellungen, Traumata und schädlichen Programmierungen aus deiner Kindheit. Die Atemzüge sollten zugleich sanft und kraftvoll sein, damit du alles lösen kannst. Wechsle dann nach ein paar Minuten zur Kinich-Ahau-Atmung über. Damit nimmst du den göttlichen Hauch auf, der all diesen Erinnerungsspeichern Vergebung bringt. Nimm wahr, wie die göttliche Liebe alles erlöst und allem tiefe Heilung schenkt.
Sprich dann zum Abschluss folgende gebetsartige Anrufung:

Ich nehme die göttliche Gnade an,
meine Vergangenheit in Liebe zu befreien. [9-mal]

Mögen Liebeswellen der Befreiung mich ewig unterstützen,
mögen sie mich vollkommen durchdringen
und für immer ihre Befreiungskraft in mir
und in der gesamten Menschheit entfalten,
damit Frieden in allen Herzen einkehre

und eine Gemeinschaft zwischen allen Eltern
und Kindern entstehe.
Jetzt und für alle Zeiten.

3. Schicht: die Daten unserer Ahnen

In dieser dritten Schicht ist unsere Herkunft gespeichert, also die Kultur der Gruppe, aus der wir stammen. Darin enthalten sind auch der genetische Code dieser Gruppe, tradierte Vorstellungen und Lebensbedingungen, aus denen scheinbar wahre Glaubenssätze entstanden, durch die deine Fähigkeiten beschränkt wurden. Die Glaubenssätze selbst liegen in einem tieferen Gedächtnisspeicher.

Die Freudsche Psychologie kennt Bewusstsein, Unterbewusstsein und Unbewusstes. Im Altertum waren den Weisen der Maya bereits Bewusstsein, Unterbewusstsein und sieben tiefe Ebenen des Unbewussten bekannt, von denen die genetischen Daten einen Teil der ersten Schicht des Unbewussten ausmachen.

Erinnere dich an alles, was dir deine Ursprungskultur hinterlassen hat, an die prägenden Muster, die deine Grundstrukturen ausmachen und die dir von den Vorfahren vererbt worden sind. Beginne deine emotionale Befreiung wieder mit den kurzen Atemstößen durch den Mund. Mach dir alle Begrenzungen bewusst und lass sie mit einer kraftvollen Ausatmung los. Nimm wahr, wie Tausende von Gedanken an dir vorbeiziehen. Es sind nicht deine Gedanken, sondern vererbte. Reinige dein Kulturgut von diesen falschen und einschränkenden Vorstellungen.
Kehre dann nach einigen Minuten zur hauchenden Kinich-Ahau-Atmung zurück und nimm die göttliche Liebe wahr,

die dich begleitet. Nimm auch wahr, wie sie jetzt in dir und in allen Menschen deiner genetischen Linie das Bewusstsein von Fülle einspeichert, der wahren Lebensqualität auf allen Ebenen. Spüre, wie Heilung in dich eintritt, um sie mit dir und deinem Umfeld zu teilen. Auf diese Weise trägst du auch dazu bei, die Speicher in der dritten Schicht von Mutter Erde zu reinigen.
Um die Arbeit in dieser Schicht abzuschließen, aktiviere die Kraft des Wirklichkeit erschaffenden Wortes mit dieser Anrufung:

Im Gleichklang mit der Macht des Himmels
bin ich damit einverstanden,
dass die Ketten des Leides für mich
und für die gesamte Menschheit zerschlagen werden. [9-mal]

Möge diese Befreiung für immer
im Bewusstsein der Menschheit bleiben.
Möge sie in den unendlichen Zyklus
der göttlichen Ursprungsidee integriert werden,
die jeder von uns in sich trägt,
damit sich das Licht unseres wahren Seins zeigt,
sich zeigt, sich zeigt.
Jetzt und für alle Zeiten.

4. Schicht: Erinnerungen des Seelenweges

Die Maya nennen die Seele »Pixan«, was wörtlich übersetzt »Umhüllung« bedeutet. Die Seele ist die Umhüllung unseres Körpers aus der reinen Energie des Geistes.
Hier auf Erden hat die Seele verschiedene psychische Körper angenommen, um ihre eigenen Erfahrungen zu machen. Bis-

weilen hat sich die Seele verirrt und Blockaden in ihrer Existenz erschaffen, in denen sie jetzt gefangen ist und die sich in jeder Inkarnation wiederholen. Diese Konflikte gehören zu einer unbewussten Schicht; ihre Wirkungen sind jedoch als seelische Begrenzungen spürbar.
Anerkanntermaßen ist unsere Seele unser Energiefeld, das sich durch die gewonnenen Erfahrungen immer deutlicher seiner selbst bewusst wird. Für das irdische Leben muss sie sich ein physisches Kleid zulegen, damit sie mit den Elementen dieser Natur in Verbindung treten kann. Jetzt aber sind wir in der Lage, diese Erfahrungen zu heilen, und zwar genau dort, wo sie auf uns eingewirkt haben.

Mache die kurzen Atemstöße und atme dabei durch den Mund kraftvoll ein und aus. Erinnere dich, fühle und stell dir vor, wie du allen Schmerz und alles Leid deiner vergangenen Leben loslässt. Tue dies mit aller Liebe und dem Wissen, dass du dabei energetische Strukturen befreist, die dein Wesen gefangen hielten und es zu immer wiederkehrenden schmerzlichen Erfahrungen geführt haben. Kehre nach ein paar Minuten zur hauchenden Kinich-Ahau-Atmung zurück und entspanne dich tief in dem klaren Gefühl, dass der Große Geist all das Licht in dich hineinfließen lässt, das deine Seele braucht, um die reine Schwingungsebene zu erreichen. Spüre beim Atmen die Verbindung mit dem Geist oder der göttlichen Essenz.
Biete Mutter Erde jetzt auch diese Seelenheilung an, damit sie sich in allen Seelen vervielfältige, die zu ihrer Weiterentwicklung auf ihr inkarniert sind. Mögen sich alle in ihr gespeicherten Informationen von Begrenzung, Schmerz und Tod auflösen; sie wurden einst aufgrund falscher Glaubenssätze gespeichert.

Sprich nun die folgende heilende Anrufung mit all der Kraft deines wachen Bewusstseins:

Ich erkläre mich bereit,
meine Seele durch Liebe, Kraft
und göttliche Weisheit zu befreien. [9-mal]

Möge dieses unermessliche Licht
auf ewig in mir verankert sein
und für immer meine Seele in das Licht verwandeln,
das Gott ist.
Möge sich dieser schöpferische Akt
in allen Seelen vollziehen,
die sich auf diesem Planeten Erde entwickeln.
Möge sich die vierte Schicht der Göttin Mutter
mit dieser lichtvollen Erklärung reinigen und läutern.

5. Schicht: Erinnerungen an unsere erste Inkarnation

In unserem kollektiven Gedächtnis ist ein universeller Archetyp gespeichert, nämlich der Verlust des Paradieses. Es ist die Erinnerung an jene Zeit, als wir es verloren haben und in eine Welt voller Schmerz und Schwierigkeiten gefallen sind, in eine Welt, in der wir leiden mussten, um zu überleben und Schutz zu finden. Diese Ankunft auf der Erde in Form eines Falls oder Verlustes des himmlischen Paradieses wird in der Bibel durch Adam und Eva widergespiegelt. Als sie sich von einem Körper aus Fleisch und Blut umhüllt sahen, fühlten sie Kälte, Hunger und Scham.

Dieser unbewusste Gedächtnisspeicher birgt die Bestrafung, uns als von Gott getrennte Wesen zu fühlen, fern des Paradieses, in eine Welt des »Schmerzes« verbannt. Das gibt uns ein Gefühl von Alleinsein, Verlassensein, ohne Verständnis und ohne Liebe.

Sei dir dieser Tatsache bewusst, wenn du jetzt mit tiefer Überzeugung die kurzen Atemstöße machst, um deine Gefühle in diesem Bereich zu befreien. Mit aller Kraft schleudere die Wurzel des Schmerzes aus dir heraus. Lass dieses Gefühl von Einsamkeit und den Glauben an eine feindliche Welt los. Stoß den Atem kraftvoll durch deinen Mund hinaus und damit auch ganz bewusst all die uralten Erinnerungen. Gehe dann über zur Kinich-Ahau-Atmung und lass das Gefühl von göttlicher Geborgenheit in dich fließen.

Genieße für ein paar Minuten diese großartige Befreiung, atme dabei weiter den göttlichen Hauch in der Kinich-Ahau-Atmung durch den Mund ein und wisse: Die ewige Liebe Gottes trägt dich wieder in dein ursprüngliches Paradies mit all seinen Geschenken und Kräften.

Zum Abschluss sprich laut diese großartige lichtvolle Anrufung:

Mein Sein ist voller Glück
im Gefühl der Befreiung. [9-mal]

Wir erklären uns damit einverstanden,
dass wir das vollkommene Werk Gottes unseres Schöpfers
für immer in uns auf allen Ebenen verankern.
Wir bringen das Licht unseres wahren Seins
in das gesamte Universum.

6. Schicht: die Erinnerung an unsere Sternennatur

Wir müssen auch unser Sternengedächtnis wiederentdecken. Es zeigt uns, dass wir Sternenwesen sind und aus freier Wahl auf diesen Planeten gekommen sind, um einen Auftrag der geistigen Hierarchien auszuführen. Ihr Plan bestand darin, einen strahlenden Lebenskern in diesem Erdenraum zu erschaffen. Aus diesem Grund schenkten sie allen Wesen, die sich hier inkarnierten, den Gebrauch des *freien Willens,* das heißt den Einsatz des unbegrenzten Willens, damit sie wie lebende Götter in Zusammenarbeit mit Gott ewige Harmonie, Licht und Schönheit erschaffen.

Im Universum gibt es jedoch auch eine Gegenkraft, die durch wahrhaft eindrucksvolle Wesen lebt. Sie holen sich ihre Kraft, indem sie Lebensenergie, Schaffenskraft und das Licht anderer Wesen aufsaugen. Dadurch wird ihre Stärke genährt. Wir nennen diese Wesen die »Hierarchie der Dunkelheit«. Als sie auf diesem Planeten einen Ort mit vielen Lichtwesen sahen, verspürten sie den unwiderstehlichen Drang, sich dieser Ausstrahlung zu bemächtigen. So begannen sie, irreführende Gedanken auszusenden, um die Lichtwesen zu fangen, zu manipulieren und zu kontrollieren, damit sie deren Kraft übernehmen könnten. Allmählich verzerrte sich der ursprüngliche Plan, Licht und Leben auf diesen Planeten zu bringen. Ihres Lichtes beraubt, erschufen die Sternenwesen eine Welt von Schmerz, Leid und Mangel – weit entfernt von ihrem eigentlichen Ziel.

Als bewusste Wesen besitzen wir die Fähigkeit, die Welt, die wir aufgebaut haben, wieder aufzulösen und Mitschöpfer einer neuen, segensreichen, gesunden und reinen Welt zu werden, so wie es ursprünglich geplant war.

Atme durch den Mund kraftvoll ein und aus. Nimm wahr, wie du dich von Begrenzung, Mangel, Angst, Krankheit und von dir selbst erschaffenen dunklen Prägungen befreist. Lass sie für dich los, lass sie für die gesamte Menschheit los, denn heute weißt du, dass es nichts anderes ist als eine Irreführung deines Verstandes, eine Illusion, die sich im Raum gebildet hat, jedoch nicht der ewigen Wahrheit angehört.
Kehre nach ein paar Minuten zur hauchenden Kinich-Ahau-Atmung zurück und fülle dich mit der göttlichen Energie. Nimm die weise Energie des Universums in dir auf und hol dir die Lichtordnung deiner wahren geistigen Identität zurück. Lass wahre Weisheit zur Wirklichkeit für dich und diese Menschheit werden. Mit dieser Vorstellung trägst du auch zur Heilung dieser Schicht von Mutter Erde bei.
Besiegle diese tiefe Heilung mit all deiner Kraft als »handelnde Göttin«, indem du folgende Befreiungserklärung sprichst:

Mit meinem göttlichen Bewusstsein
befreie ich diese Welt von allen Illusionen. [9-mal]

Möge die Kraft des Lichtes und der Liebe
die Vollkommenheit verankern,
welche die geistige Hierarchie für diesen lichtvollen Ort
mit dem Namen »Planet Erde« vorgesehen hat.
Dies sei jetzt und für immer
in wahrhaftiger und vollkommener Handlung verankert.

7. Schicht: das Gedächtnis des ursprünglichen Lebens auf der Erde

Zu Beginn besaß die Erde sehr kraftvolle Energiefelder. Ihre Gewässer waren der fruchtbare Nährboden. Im Schoß der Erde erblühte eine üppige Pflanzenvielfalt, weit und breit entstand neues Leben, alles war voller Lebenssaft.

Als sich jedoch die Menschheit mit ihrer Vorgehensweise auf ihr niederließ, verloren Glaube und Handlungen ihre Kraft, die Umwelt wurde vergiftet. Anfangs geschah diese Vergiftung nur gedanklich. Das Energiefeld des menschlichen Verstandes wurde mit einschränkenden und begrenzenden Begriffen gefüttert und diese Energie übertrug sich auf die umgebende Natur. Die so entstandenen Gedankenstrukturen gaben den Ausschlag für Erfahrungen auf der Gefühlsebene mit entsprechend niedriger Schwingung. Trauer, Depression, Sorgen und Ängste schufen sich Raum – Gefühle, die sich stark vergiftend auf die Gewässer, Pflanzen und Tiere und die Umwelt im Allgemeinen auswirkten. In den letzten Jahrzehnten hat die Zerstörungskraft des Menschen Produkte erschaffen, die den Körper des Erdplaneten vergiften. Das Ergebnis dieser Entwicklung ist eine niedrige Lebensqualität, ein schwindelerregendes Absinken der Lebenskraft in der Natur, eine Belastung im Hinblick auf ihre Fähigkeit, sich selbst zu erneuern.

In dieser Schicht werden wir mit der Erde zusammenarbeiten – mit dem Ziel, dass sie sich durch unsere Heilarbeit von allen Bindungen an die Zeit der Zerstörung befreie und sich ihre und unsere ursprüngliche Lebensform wieder einstelle.

Mit kraftvollen Atemzügen befreien wir die Gedanken- und

Gefühlsmuster sowie die körperlichen Schadstoffe, die Mutter Erde verletzt haben. Nimm wahr, wie du – als Teil der bewussten Menschheit – diese vergifteten Energiefelder in dir und Mutter Erde mit jedem Ausatmen vertreibst. Verändere dann nach einigen Minuten dieser Arbeit deine Atmung in die Kinich-Ahau-Atmung und nimm wahr, wie aktiv die Lebenselemente der Natur sind und wie sich wieder das reine, herrliche, vollkommene Leben im Wasser, im Boden, in der Luft und in jedem Lebewesen zeigt. Mit dieser Arbeit helfen wir dieser Energieschicht, ihre ursprüngliche Lebenskraft zurückzugewinnen.
Beende die liebevolle Reinigung mit der folgenden lichtvollen Anrufung, die du mit all deiner inneren Kraft sprichst:

Ich erkläre mich einverstanden,
dass das reine Leben in all seiner Fülle und Schönheit
auf die Erde zurückkehrt. [9-mal]

Möge sich alles wieder in seiner ursprünglichen Reinheit,
Schönheit und Lebendigkeit hier verankern.
Möge es so auf ewig bleiben, alles durchdringen
und die unsterblichen Werte
seines eigentlichen Wesenskernes zeigen,
damit sich alle an der Herrlichkeit von Göttin Mutter Erde
in der Fülle ihres Seins erfreuen,
sie wahrnehmen und sich damit füllen.

8. Schicht: die Erinnerungen an die Entstehung der Erde
Dies ist die Erinnerung an die Geburt der Erde, als sie vom Energiefeld des Lebens und der Sonnensubstanz erschaffen

wurde. Die Sonne hat einen Bezug zum männlichen Schöpfungsprinzip, Schöpfer des Lebens, aus dem das weibliche Prinzip oder die Göttin Mutter Erde hervorging. Diese Geburt war eine Schöpfung der Liebe. Das männliche Prinzip – der aktive Gott – erschuf seine Gemahlin, seine heilige Dualität, seine Ehefrau Erde als Teil seiner selbst, damit sie sich vermehren und gemeinsam neues Leben erzeugen. Mit anderen Worten: Wir sind die Kinder, die aus der energetischen Vereinigung von Vater Sonne und Mutter Erde hervorgegangen sind.

Diese Energieschicht enthält ein Lichtgedächtnis der Vollkommenheit kosmischer Liebe als Verwirklichung der höchsten Essenz des großen göttlichen Geistes.
Erinnern wir uns jetzt an diesen kosmischen Augenblick unendlicher Liebe, in dem der Planet Erde entstand. Er ist gleichzeitig auch der kosmische Ursprung unserer eigenen Menschwerdung. Rufen wir uns nun die vollkommene Verbindung von Gott Vater und Göttin Mutter in Erinnerung – ihre tiefe Vereinigung, ihre kraftvolle elektromagnetische Energie, die sie verbindet, um Leben zu erschaffen, unser eigenes Leben.
Wir benutzen daher jetzt nur die hauchende, göttliche Kinich-Ahau-Atmung, denn hier ist das Energiefeld strahlend und herrlich. Lasst uns wieder zu unserer eigenen weiblich-männlichen Dualität in uns zurückfinden. Mit sanften, gleichmäßigen Atemzügen begleiten wir die Vereinigung beider Aspekte in uns selbst. Wir erleben ein vollkommenes inneres Gleichgewicht. Das Gefühl der väterlichen und mütterlichen Obhut führt uns zum höchsten Bewusstsein von Einheit.
Besiegle diese Erfahrung tiefer, vereinender Liebe mit dieser Anrufung zur vollständigen Verankerung:

Vater und Mutter sind eins mit dem Kind. [9-mal]

In vollkommener Liebe, in vollkommenem Gleichgewicht,
in einem immerwährenden Schöpfungszyklus,
für ewig verankert und auf allen Ebenen tätig,
jetzt und für alle Zeiten,
in Gnade, Liebe und Weisheit besiegelt.

9. Schicht: das Gedächtnis des göttlichen Geistes von Mutter Erde

Im *Zentrum der Zentren,* im Wesenskern der Mutter, pulsiert das heilige Feuer ihres göttlichen Geistes. Hier eröffnet sich uns der strahlende Raum lichtvollen Lebens, unendlicher Schönheit, reinster Liebe in der lebendigen Göttin Mutter Erde. Beim Eintritt in die neunte Schicht betreten wir den Ozean des mütterlichen Geistes. Hier erneuert sich auch unsere neunte Gedächtnisschicht.

Der Geist jedes Einzelnen vereint sich mit dem mütterlichen Geist und führt uns zur Erfahrung von höchster Reinheit des Großen Geistes in der Ganzheit von Hunab Ku, dem absoluten Schöpfergott.
Beginne die hauchende Kinich-Ahau-Atmung in vollkommener geistiger Vereinigung. Nimm wahr, wie sich deine höchste Schwingungsfrequenz in vollkommener Klarheit zeigt und mit dem wundervollen Geist von Mutter Erde verschmilzt. Jetzt erkennst du, dass der Geist von Mutter und Kind eins sind und dass dich diese Einheit zur Ganzheit zurückträgt und sich in dir dein göttliches Bewusstsein entfaltet.

Wenn wir als Kinder diese Schwingungsebene und dieses Einheitsbewusstsein mit Mutter Erde erreichen, entsteht Magie auf höchster Ebene. Auch alle anderen Schichten werden von dieser herrlichen Ausstrahlung magnetisiert. Unser irdisches Bewusstsein selbst hat sich verändert und sich in göttliches Bewusstsein umgewandelt – ein Bewusstsein, das den reinen Geist in allem zu erkennen vermag, was es auf dieser oder jeder anderen Daseinsebene (sei sie planetarisch, solar oder universell) sieht, fühlt oder hört.
Beende die Heilung dieser letzten Schicht, indem du deine vollständige Einheit mit dem Geist von Göttin Mutter Erde erklärst:

Ich bin eins mit dem Geist der Mutter. [9-mal]

Für ewig erstrahle ich aus dem Kern meines Seins,
vollkommen eins mit der göttlichen Mutter im Herzen der Erde.
Mein Wesen empfindet tiefe Verehrung für die Mutter.
Ich fühle ihre großherzige Liebe.
So lege ich meine Stirn auf den Boden
aus tiefer Verehrung und Liebe,
die aus dieser Einheit erwachsen.
Ich lege meine linke Hand auf mein Herz
und die rechte auf den Boden
und gebe den segensreichen Fluss
meiner ewigen Liebe weiter.

Diese Arbeit nennen wir »Die Reise mit dem Bolon-Ti-Ku«, die neun Gedächtnisschichten von Mutter Erde. Wahrscheinlich ist es die kraftvollste Heilarbeit, die je erschaffen wurde. (Mutter

Nah Kin bietet Workshops mit dieser wundervollen Reise an. Ihre Ausstrahlung verstärkt Veränderungen in persönlichen Heilvorgängen.)

Der empfindsame Geist von Mutter Erde fühlt uns, hört uns zu, er weiß um uns und wird immer mit seinem Kind in Verbindung stehen, denn das ist die Absicht seiner mütterlichen Liebe. Lasst uns dieser heiligen Verbindung Vertrauen schenken. Schätzen wir uns glücklich, voller Hingabe auf Mutter Erde zu leben, ihre Gesetze zu achten und mit ihr zusammenzuarbeiten, damit sich ihre herrliche Lebenskraft immer wieder aufs Neue zeige. Die weise Frau kennt die Arznei von Mutter Erde. Als nahe Verbündete fühlt sie die starke geistige Schwingung in ihrem Innern.

8

Themen der Frau von heute

Schwangerschaftsabbruch

Dieses Thema wird in der Gesellschaft oft diskutiert. Es hat verschiedene Facetten; je nach Sichtweise wird die Abtreibung verdammt oder gerechtfertigt.

Der soziale Aspekt
Die gesellschaftliche Ebene sollte zu einer Bewusstwerdung beitragen: Was bringt die Entscheidung für einen Abbruch wirklich mit sich; was bedeutet es, einem neuen Wesen die Möglichkeit zum Leben zu nehmen? Eine Neubewertung der Bedeutung von Leben ist vonnöten. Das erfordert ein entsprechendes Bildungs- und Gesundheitssystem, das der Tatsache Rechnung trägt, dass eine sehr empfindsame Faser unserer weiblichen Natur berührt wird.
Als lebende Göttinnen haben wir die wundervolle Aufgabe, eine neue Generation ins Dasein zu bringen. Damit leisten wir einen Beitrag zur Erneuerung des Lebens. Hier handelt es sich nicht um eine mechanische Arbeit, sondern um eine kostbare Aufgabe, die der Liebe zutiefst verpflichtet ist. Folglich sollten wir jetzt auch zu dieser tiefen Achtung gegenüber dem Leben zurückkehren, indem wir dafür sorgen, dass es sich verwirklichen kann.

Ich stimme der doppelten Moral religiöser Gruppierungen in vielen Teilen der Erde nicht zu: Einerseits verurteilen sie den Abbruch und behindern die Möglichkeit seiner Legalisierung; andererseits weisen sie Frauen zurück, die unter schwierigen Umständen schwanger werden, und lehnen es als »unpassend« ab. Dadurch wird die betroffene Frau aus der Gesellschaft ausgeschlossen und gezwungen, ihren Zustand zu verheimlichen. In ihrer Verzweiflung sieht sie vielleicht in einem Abbruch den einzigen Ausweg. Sollte sie sich für das Kind entscheiden, sind die Aussichten auch nicht gut, weil sie kaum mit der Unterstützung des sozialen Umfeldes rechnen kann. Sie ist zu einem echten Leidensweg verdammt, der bereits in der Schwangerschaft beginnt und damit auch das Ungeborene einschließt.

Eine Gesellschaft, die sich des Wertes von Leben bewusst ist, sollte Strukturen bzw. Institutionen erschaffen, die einer Mutter in schwierigen Umständen soziale, finanzielle, medizinische und jegliche Unterstützung gewähren. Damit könnte sie ihre Situation so gut wie möglich gestalten und mit ihrem Kind den Schutz einer Gemeinschaft genießen, die ihr und ihrem Kind einen würdigen Lebensraum anbietet.

Die psychische Ebene

Zweifelsohne ist ein Abbruch eine unangenehme Erfahrung im Leben einer Frau. Niemand wird sich aus Neugier oder gar mit einem freudigen Gefühl dafür entscheiden. Er wirkt sich nicht nur auf den Körper der Frau aus, sondern zieht auch ein emotionales Trauma nach sich.

Ein natürlicher oder eingeleiteter Abbruch ist für eine Frau sehr schmerzhaft. Daher sollte jeder Abbruch von spezialisierten Therapeuten begleitet werden, die ihr helfen, die erlittenen Traumata zu heilen.

Die mystische Bedeutung

Auf dieser Ebene gibt es einen deutlichen Unterschied zwischen einem natürlichen Abgang und einem eingeleiteten Abbruch. Bei einem Abgang erlebt die Seele des Ungeborenen einen Todesprozess. Sie erfährt, dass der Körper, der sie gebären sollte, die lebenswichtigen Aufgaben nicht mehr ausführen kann. Mit dieser Botschaft kehrt sie wieder in die feinstofflichen Welten zurück und hofft auf eine neue Gelegenheit, geboren zu werden. Wir werden hier weder näher auf die verschiedenen Dimensionen in den astralen Ebenen noch auf die eigentliche Erfahrung der Seele eingehen, da es ein umfangreiches Wissensgebiet ist. Entscheidet sich die Mutter für einen Abbruch, sieht sich die Seele, die in diesem Körper geboren werden sollte, plötzlich ihres Ausdrucksmittels beraubt und erlebt eine tiefe Verwirrung. Leblos bleibt sie in der Aura der Mutter gefangen, in dem bioenergetischen Raum, der unseren Körper umhüllt. Ihr ist jegliche Entwicklungsmöglichkeit in einem Umfeld genommen, das sie nicht mehr am Leben erhält.

Als praktizierende Psychologin und als Therapeutin mit einer angeborenen außersinnlichen Wahrnehmung konnte ich bei zahlreichen Patientinnen während einer Auralesung die Anzahl der Abbrüche sehen, die meine jeweilige Patientin vorgenommen hatte. Wie dunkelgraue, pulvrige Energieflecke klammerten sich die eingetrockneten, leblosen Föten an ihre Aura. Diese kleinen Seelen sind gefangen. Die göttliche Essenz hatte der Frau angeboten, dass sich ein Wesen durch sie verwirklichen kann, um ihr später im Leben ein liebevoller Begleiter zu sein. Mit ihrer Entscheidung zum Abbruch machte die Frau diese Daseinsverwirklichung der Seele zunichte. Stattdessen wurde die Seele eingesperrt und bleibt nun an ihr haften. Dies entspricht der ursprünglichen Absicht, sich mit der Mutter zu verbinden: Die Seele des Kindes ist also eine ursprüngliche Verpflichtung eingegangen, an der sie auch weiterhin festhält; sie bleibt in der Aura haften, weil der physische Raum nicht mehr da ist. Ein lebloses Wesen nimmt jedoch einem lebendigen Wesen die Lebenskraft. In diesem Fall brachte sie der Frau/Mutter Depressionen, Sorgen, chronische Müdigkeit, emotionale Schwäche, unzählige körperliche und geistige Leiden, von denen alle Frauen ein Lied singen können, die sich für einen Abbruch entschieden haben.

Befreiung der Seele des Ungeborenen

Bei unserer Heilarbeit fühlen wir, dass diese gefangene Seele befreit werden möchte, damit sie wieder zum Licht zurückkehren kann, zu einem Leben in den feinstofflichen Welten, und eine weitere Möglichkeit erhält, einen physischen Körper anzunehmen. Diese Form der Heilarbeit befreit gleichzeitig die Mutter und die Seele des Kindes und schenkt beiden die ersehnte Heilung.

Die einzelnen Befreiungsschritte

1. Habe großes Mitgefühl für die Seele, die von den himmlischen Mächten in diese Frau geschickt wurde. Auch wenn dieses Lebensprojekt nicht zu Ende geführt werden konnte, so können wir ihm doch viel Liebe senden, damit die Seele dieses Wesens spürt, dass es von seinen Eltern angenommen und geliebt wird.

Diese heilige Aufgabe, ihr Liebe zu geben, entspricht sehr der weiblichen Natur. Die betreffende Frau sollte sich daran erinnern und dieses ungeborene Wesen mit einer liebevollen Umarmung voller Zärtlichkeit und Anerkennung umhüllen. Damit können seine Gefühle, abgelehnt und verletzt worden zu sein, heilen. Die Kinderseele ist bereit für den nächsten Schritt.

2. Rufe nun voller Liebe und mit aller Kraft deines schöpferischen Geistes die Anwesenheit der göttlichen Mutter an, je nachdem, welches Frauenbildnis für dich am stärksten wirkt. Für die katholischen Frauen kann das die Jungfrau Maria sein, deren liebevolles Herz den Fötus in ihren strahlend weißen Lichtmantel hüllt.
Als betroffene Mutter sprechen wir dann folgendes Gebet:

Geliebte Mutter, ich bitte dich,
dass deine göttliche Liebe dieses Wesen umhüllen möge.
Es verdient die Herrlichkeit deines kostbaren Schutzes.
Trage es in Räume des Lichtes und der Erlösung,
dahin, wo ihm Seelenheil und die volle Entwicklung
seines Wesens zuteil wird.
Mutter, mit all meiner Liebe im Herzen sage ich Ja dazu,
dass du es bist, die dieses Wesen jetzt
mit ihrem heiligen Lichtmantel beschützt.
Ich bitte dich, verströme all deine Fürsorge,
dein Geleit, deinen Schutz und gib ihm alles, was es braucht.
Trage dieses Wesen im rechten Augenblick
in die liebevollen Arme von Eltern,
die es mit Freude und Jubel empfangen
und ihm die Möglichkeit des Lebens gewähren.

Möge es dann ein ihm gerechtes Leben
auf den höchsten Ebenen des Lichtes führen.

Wenn dieses Gebet aus tiefstem Herzen kommt, trägt es dazu bei, das Ungeborene der göttlichen Obhut der Mutter zu übergeben, der heiligen Jungfrau, der Göttin, damit es durch die höchste Kraft beschützt werde und es wieder auf die Ebenen des Lichtes getragen wird. Es schenkt ihm eine neue Chance, ins Leben zu kommen.

3. Stellen wir uns jetzt vor, wie die Jungfrau, die Göttin oder die himmlische Mutter in einem strahlenden Lichtkanal immer höher in die feinstofflichen Welten hinaufschwebt, in ihren Armen die kostbare Last. Lasst uns gleichzeitig darum bitten, dass dieses Wesen ins Licht zurückkehren möge.
Wir verfolgen ihren allmählichen Aufstieg mit größter Aufmerksamkeit, bis sie die Ebenen von außergewöhnlich strahlendem Licht erreichen. Es sind die geistigen Gefilde, die Tempel des Lichts, die Weisheitsschulen. Hier wird die Seele angenommen, hier erfährt sie Erneuerung, Heilung und Trost. Hier pulsiert sie wieder mit größter Lebenskraft.

4. Wir bitten jetzt die himmlische Mutter, uns einen Strahl ihres göttlichen Mitgefühls und unendlicher Liebe zu senden, damit er die Energiefelder der Mutter heile, alle Wunden in ihrer eiförmigen Aurahülle versiegle und ihr die Makellosigkeit, Spannung und Leuchtkraft eines vollkommen gesunden Energiefeldes zurückgebe.
Empfindet die Frau Schuldgefühle, sollte sie diese an die göttliche Mutter oder an eine Jungfrau ihrer Wahl abgeben, damit sie

mithilfe der göttlichen Reinigung gelöst werden und das Gemüt dieser Frau nicht mehr belasten. Schuldgefühle binden sie sonst an die dichten Ebenen von Leid und bringen mehr Schmerz, Auseinandersetzung und Kummer in ihr Leben. Daher ist es wichtig, sich von aller Schuld zu befreien, die wir mit dieser Erfahrung verbinden. Wir sollten wissen und verstehen, dass wir alle unterschiedliche Lebenswege haben. Wir fällen unsere Entscheidungen im Hinblick auf die gegebenen Umstände eines bestimmten Augenblicks. Dabei sollten wir uns stets daran erinnern, dass unsere wahre Wesensnatur *reine Liebe* ist.

Zusammenfassend möchte ich sagen, dass die Gesellschaft eine ernst zu nehmende Verpflichtung hat. Eine Frau sollte die Freiheit haben, über sich selbst zu verfügen. Die höchste Verpflichtung gilt dem Leben gegenüber, sowohl dem der Mutter als auch dem des Ungeborenen.

Aus geistiger Sicht sollte die Frau ihre tiefe Verbundenheit mit der Frau-Mutter in sich anerkennen. Sie sollte um ihre große innere Stärke wissen, mit der sie für jede schwierige Situation eine Lösung findet. Die Fähigkeit, Achtung und Entschiedenheit gegenüber dem Leben zu zeigen, ist eine Eigenschaft der Göttin in uns.

Es geht nicht darum, ob wir (die Gesellschaft) mit dem Abbruch einverstanden sind, denn wer sind wir, dass wir es wagen könnten, die genauen Umstände eines Menschen zu beurteilen? Wir können nur das Leben achten und uns gegenseitig Liebe schenken – unabhängig davon, welche Entscheidungen wir treffen. Wenn wir zusammen eine neue Menschheit bilden, die sich achtet und liebt, wird die Anzahl der Abbrüche oder Abgänge von alleine stark zurückgehen.

Verhütungsmittel

Biologische Auswirkungen

Die regelmäßige Einnahme künstlich hergestellter Hormone wie der »Pille« bringt das zarte Hormonsystem des Organismus in große Unordnung. Daher sollte man sich vorher gründlich überlegen, ob es wirklich nötig ist. Künstliche Hormone werden vom Körper nicht so leicht abgebaut wie natürliche. Sie lagern sich aneinander an und vermehren sich. Es entsteht zum Beispiel ein Zuviel an Östrogenen, was wiederum die Ausschüttung von natürlichem Progesteron verhindert. Die körperfremden Xenoöstrogene mit östrogener Wirkung zeigen eine ähnliche Molekularstruktur und können daher auch ähnliche Aufgaben im Organismus übernehmen. Sie haben jedoch eine schädliche Wirkung auf das neuro-hormonelle, immunologische System, dessen Aufgabe es ist, eine gesunde Anpassung des menschlichen Organismus an seine Umwelt zu gewährleisten.

Die Einnahme von Hormonen in Verhütungsmitteln kann eine schmerzhafte Regel mit starken oder unregelmäßigen Blutungen zur Folge haben. Als Begleiterscheinungen können auftreten: depressive Zustände, eine schwache Libido, ein Ungleichgewicht im Zuckerhaushalt, Sucht nach Süßem oder vielen Kohlenhydraten; vaginale Beschwerden oder Entzündungen, Schwellung der Brüste oder Bindegewebsknoten, Flüssigkeitsansammlungen, die zu einer Gewichtszunahme führen und schließlich in Brust- oder Gebärmutterhalskrebs ausarten können, und nicht zuletzt das Auftreten der gefürchteten Osteoporose.

Angesichts all dieser schädlichen Wirkungen auf die weibliche Gesundheit wäre gründlich zu überlegen, ob mechanische Verhütungsmittel alleine oder in Verbindung mit der traditionellen Temperatur-Messmethode nicht sinnvoller wären. Von beiden ist das Hormonsystem weniger betroffen. Durch Messen der Basaltemperatur kann sich die Frau der unterschiedlichen Phasen ihres weiblichen Zyklus – mit anderen Worten: der empfängnisbereiten Zeit des Eisprungs – bewusst werden.

Psychologische Auswirkungen

Die Einnahme von Hormonen beeinflusst auch unsere Gefühlsebene. Das zeigt sich als Depression, Traurigkeit, Sorgen, Angstzustände mit schweißnassen Händen oder kaltem Schweiß usw. Derartige Zustände erschweren das Leben und belasten das Verhalten der Frau gegenüber anderen Menschen in ihrem Umfeld; das kann bis zu Feindseligkeit gehen.

Mit der Einnahme der »Pille« wird die empfindsame Gefühlswelt der Frau durcheinandergebracht. Freude, Lebensgenuss und ein heiteres Gemüt sind jedoch lebenswichtig. Aus psychologischer Sicht sind künstliche Hormone demnach ganz klar mit einer Reihe von starken Risiken verbunden.

Bioenergetische Auswirkungen

Auf feinstofflicher Ebene verändert die »Pille« das Schwingungsfeld. Weibliche Eigenschaften werden durch männliche ersetzt, das heißt, eine Frau wird angriffslustiger, herrischer, dominanter. Auch die Aura ist davon betroffen: Sie spannt sich an und verdichtet sich, was einen völligen Gegensatz zu dem sanften und zarten Lichtkörper einer bewussten weiblichen Energie bildet.

Führen wir dem Organismus ein künstliches Element zu, verfügt dieser weder über die biologischen noch über die psycho-

logischen und die geistigen Mittel für eine ordnungsgemäße Aufnahme, denn wir sind eine biologisch-energetische Einheit mit bestimmten Lebensregeln.
Wenn wir eine Entscheidung fällen, sollten wir deshalb versuchen, uns daran zu orientieren, »was für uns natürlich ist«. Das gibt uns die Sicherheit, schädliche Auswirkungen möglichst gering zu halten und Lösungen zu finden, die unserer biologischen, psychologischen und geistigen Natur am stärksten entsprechen.

Ich möchte noch einmal auf die Xenoöstrogene zurückkommen. Sie finden sich nicht nur in pharmazeutischen Verhütungsmitteln, sondern werden auch in landwirtschaftlichen Betrieben beim Gemüse- und Obstanbau durch Schädlingsbekämpfungsmittel übertragen. Daher sind Nahrungsmittel aus ökologischem Anbau vorzuziehen. Xenoöstrogene finden sich auch in Öl- und Kunststoffprodukten. Diese zwei Beispiele machen uns klar, was wir lieber unterlassen sollten:

1. Beim Trinken von Wasser aus Plastikflaschen laufen wir Gefahr, künstliche Östrogene aufzunehmen und die erwähnten schädlichen Auswirkungen zu erleben. Vor allem dürfen wir diese Flaschen niemals in die Sonne legen oder hohen Temperaturen aussetzen, damit keine chemischen Substanzen freigesetzt werden.

2. Nahrungsmittel sollten nicht in Plastikbehältern erwärmt werden, wie etwa in der Mikrowelle. Denn auch hier werden chemische Substanzen freigesetzt, die dann in die Nahrungsmittel übergehen. Auch industriell hergestellte Nahrung enthält

Xenoöstrogene; damit meine ich Dosennahrung mit Konservierungsstoffen oder Nahrung, die in einem industriellen Herstellungsverfahren gefertigt wurde.

Bionahrung aus ökologischem Anbau garantiert, dass hier so weit als möglich gesunde Substanzen verwendet wurden. Die Einnahme von ungesättigten Fettsäuren wie Omega-3 und Omega-6 hilft bei der Regulierung der Sexualhormone und beugt dem Prämenstruellen Syndrom und Menstruationsbeschwerden vor. Das Gleiche gilt für die Vitamine C und E; sie sind eine wunderbare Nahrungsmittelergänzung und tragen nach Absetzen der »Pille« zur raschen Wiederherstellung der Gesundheit bei.

Kinder zur Welt bringen

Eine Schwangerschaft ist für die biologische Erfüllung der Frau die beste Möglichkeit, die grenzenlose Liebe Gottes auf Erden zu bringen. Muttersein ist eine besondere Erfahrung, die von verschiedenen Veränderungen und Umständen begleitet wird, mit denen wir auf die Probe gestellt werden.

Dazu gehört die körperliche und psychologische Veränderung. Es ist ein tiefer Einschnitt im Leben, der uns reifen lässt. In dieser Zeit beschränken wir uns auf das, was wichtig ist, und verfeinern unsere weiblichen Eigenschaften. Betrachten wir diese Erfahrung als eine vielschichtige, wunderbare Aufgabe, die nicht zu einer Falle wird, schon gar nicht zu einer Last, einem Trauma oder einer schmerzhaften Erfahrung. Wir bringen sie dann nicht mehr mit Schmerzen oder schädlichen Wirkungen

in Zusammenhang, denn damit hat Schwangerschaft überhaupt nichts zu tun.
Mutterschaft ist eine tief bereichernde Erfahrung, für die wir biologisch bestens ausgerüstet sind. Wenn sich eine Frau den Naturgesetzen entsprechend verhält, entstehen keine Traumata. Darüber hinaus verfügen wir über die psychologischen Gaben des Liebens, Schützens und Nährens, die für das Überleben des Ungeborenen sorgen. Schwangerschaft ist eine geistige Erfahrung, die uns einlädt, die stärkste und wahrhaftigste Form reinster Liebe zu erleben.

Zeugung

Der Augenblick der Zeugung eines neuen Wesens ist ein äußerst wichtiger Moment, in dem die energetische Ausstrahlung des Paares ein Magnetfeld erschafft, das eine gleichschwingende Seele anzieht. Wenn also bei der Vereinigung eine Zeugung geplant ist, ist es von allerhöchster Wichtigkeit, sich bewusst in eine hohe, liebevoll-meditative Schwingung zu begeben. Die Liebenden erschaffen einen reinen, schöpferischen Raum, von dem sich eine gleich gesinnte Seele angezogen fühlt, das heißt eine Seele, die auch aus den höchsten Bewusstseinsebenen kommt. Diese Seelen sind feinfühliger, klüger, gesünder und besitzen einen geistig höheren Entwicklungsgrad, was zum Entstehen einer neuen Menschheit beiträgt.

Vor der eigentlichen Vereinigung sollte das Paar die Kinich-Ahau-Atmung aufnehmen: Der Atem wird durch den leicht geöffneten Mund sanft eingezogen; man fühlt, wie er sich im Körper verteilt, und haucht lächelnd wieder aus. Das Paar sollte sich für die Wahrnehmung öffnen, wie sich die feinstoff-

liche Energie (Prana) in ihnen verteilt und wie sich beide mit der göttlichen Energie füllen. Mit dieser möglichst entspannten Form der Atmung erreichen wir allmählich immer klarere Bewusstseinszustände.
Dann blickt sich das Paar in die Augen und fühlt die Verbindung von Herz zu Herz. Beide sind sich bewusst, dass sie ein Kind in ihr Leben rufen und ihm die höchste Form des Daseins bieten möchten. Die Vereinigung ist sanft und liebevoll. Beiden ist bewusst, dass sich die Frau in diesem Augenblick vollkommen für eine Empfängnis geöffnet hat. Wie ein heiliges Gefäß ist ihre Gebärmutter bereit, den Lebenssamen zu empfangen und in sich auszutragen.

Schwangerschaft

Die Schwangerschaft ist eine bewegte Zeit. Die Entwicklung des Embryos kennzeichnet die unterschiedlichen körperlichen Zustände der Frau. Sie muss ihm alle Nährstoffe anbieten – Eiweiße, Vitamine, Mineralien, Öle –, die sein Körper benötigt, um mit den besten Bausteinen eine neue Struktur aufzubauen. Für eine ausreichende Nahrungszufuhr in dieser Zeit sind Obst und Gemüse aus ökologischem Anbau empfehlenswert, ebenso zusätzliche Vitamine. Als ausgezeichnete Nahrungsquellen sind auch Körner und Samen sehr wichtig, natürlich auch der unbegrenzte Verzehr von Alfalfa- oder Sojakeimen usw. Sie enthalten viele essenzielle Aminosäuren, die der Organismus leicht aufnimmt.

Aus mystisch-geistiger Sicht sollte eine Frau während der Schwangerschaft eine fortwährende enge und tiefe Verbindung mit der Seele ihres Kindes aufrechterhalten. Wenn sie ihren

Bauch streichelt, streichelt sie gleichzeitig auch die Lebensenergie der Seele ihres neuen Wesens. Sie sollte mit ihm auch laut sprechen, aber vor allem in Gedanken, denn das Ungeborene kennt und empfindet die Gedanken der Mutter. Dieser anhaltende Kontakt ist wichtig, damit eine tiefe Mutter-Kind-Verbindung entstehen kann.
In jedem Fall sollte sich die Frau von jeder traumatischen, schmerzhaften Erfahrung fernhalten, die ihren Gemütszustand beeinflussen und ihr Energiefeld vergiften könnte. Das Ungeborene würde mit schädlichen Schwingungen geradezu bombardiert werden, was wiederum Einfluss auf seine eigene Lebenserfahrung haben könnte. Eine solche Erfahrung würde sich tief in sein Gedächtnis einprägen. Natürlich bleibt es der Schwangeren selbst überlassen, wie sie ihr inneres Gleichgewicht erlangt. Sie muss sich fragen, ob eine bestimmte Angelegenheit so wichtig ist, dass sie ihr Kind diesen negativen Energien aussetzen möchte. Ist sie sich der schädlichen Wirkung bewusst, wird sie sich sicherlich für Frieden und Harmonie entscheiden und ihr Kind vor einem negativen Umfeld schützen.

Wir sollten uns immer bewusst sein, dass wir nicht nur einen Körper besitzen, sondern auch ein lebendiges Energiefeld, das von allem, was wir denken, fühlen und aus der Umwelt aufnehmen, beeinflusst wird.
Meditative Zustände, Augenblicke, in denen der Geist in tiefem Frieden ist und Gott als sehr nahe erlebt, tragen besonders dazu bei, ein reines und hohes Schwingungsfeld zu erschaffen.
Auch das Gebet spielt in der Schwangerschaft eine herausragende Rolle. Es ist Ausdruck eines tiefen Gefühls mit der Bitte um die Unterstützung der Engel, der göttlichen Wesen, Jung-

frauen und anderen Wesen aus den höchsten geistigen Ebenen. Mutter und Kind empfangen durch ein Gebet eine strahlende Energie, einen göttlichen Schutz, eine geistige Unterstützung, welche die Schwangerschaft zu einer Zeit des Friedens in vollkommener Harmonie und tiefem Glück macht.

Ich empfehle den Müttern, eine Lichtanrufung zu sprechen, damit das neue Wesen frei von karmischer Belastung geboren wird, also ohne Schwierigkeiten oder Behinderungen, damit es seine Schönheit in aller Deutlichkeit verwirklichen kann. Hier ein Beispiel:

Im Namen der Anwesenheit Gottes in mir und meinem Kind
rufe ich die mächtige Unterstützung des Himmels an
und bitte darum, dass mein Kind
frei von jeglichem Karma aus der Vergangenheit werde;
dass seine Erinnerungen an Schmerz und Leid,
die vielleicht in seiner Seele sind, vollkommen gelöscht werden;
dass die unerschöpfliche Liebe Gottes es vollkommen heile,
damit es ein Leben in Fülle, Gesundheit und Glück
auf höchster Daseinsebene führen kann.
Ich sage dies dank meiner Kraft als handelnde Göttin,
jetzt und für alle Zeiten, jetzt und für alle Zeiten,
jetzt und für alle Zeiten. Amen.

Eine Anrufung beginnt immer mit der höchsten Ebene: Wir rufen die Anwesenheit Gottes in uns selbst, die Tatkraft unseres Herrn, Christus, die Macht des Heiligen Geistes, die unendliche Liebe der göttlichen Mutter, die heilige Jungfrau usw. Sie alle sind Kräfte, die wir achten, kennen und von denen wir annehmen, dass sie eine weitaus höhere Macht haben als die

Menschen. Von dort werden Aufgaben mit höchster Weisheit, viel Licht und Liebe ausgeführt.

Im zweiten Teil der Anrufung steht das besondere Anliegen im Vordergrund – in diesem Fall die Bitte, die Seele des Ungeborenen sei frei von karmischer Belastung, ihre Erinnerungen seien rein, und alle Erfahrungen aus vergangenen Leben sowie mögliche Spätfolgen einer genetischen Belastung, die sie von uns für diese Inkarnation erhalten hat, sollen gelöscht werden. Wir bitten darum, dass seine Ausstattung als lebendes Wesen bei der Geburt frei und rein sei und dass es die Fähigkeit besitzt, all seine geistigen Eigenschaften zu leben.
Zum Abschluss einer Anrufung bestätigen wir dreimal das Gesagte mit den Worten: »So sei es, so ist es, es ist vollbracht!«, oder: »Jetzt und für alle Zeiten.« Die dritte Wiederholung dient als Bestätigung, dass unsere Bitte für die drei Daseinsebenen gilt.

Wiederhole diese Anrufung 9-mal, damit du eine Verbindung zur heiligen Zahl der Göttin aufbaust, nämlich mit der Zahl 9. Wiederhole die Worte täglich immer wieder 9-mal. Du kannst diese Anrufung als Muster nehmen oder aber selbst eine Anrufung formulieren, damit dein Kind das beste Umfeld erhält. Bitte um Unterstützung der geistigen Wesen, die deinem mystischen und spirituellen Glauben entsprechen.

Geburt

Die Geburt gehört zu den Ausdrucksformen des Lebens und ist Teil des natürlichen Ablaufs eines Daseins. Als natürlicher Vorgang geschieht eine Geburt ohne außergewöhnliche

Schmerzen oder Leid. Sollte Schmerz auftauchen, ist das ein Alarmsignal des Körpers. Schmerz ist auch eine emotionale oder psychologische Erfahrung, wenn er mit Angst einhergeht. Die gefürchteten Geburtsschmerzen sind nichts anderes als die Abwehr eines natürlichen Vorgangs – gegen etwas, das eng mit den Naturgesetzen verknüpft ist. Die Verwirrung, in der die Frau in den letzten Jahrhunderten lebte, hat ihr Panikzustände, tiefe Angst und Horror vor diesem Augenblick beschert. Geburt wurde mit traumatischen Erfahrungen gleichgesetzt, die sich in ihr psychologisches Gedächtnis eingebrannt haben. Diese falschen Programmierungen und die daraus entsprungene tiefe Angst sind die eigentlichen Ursachen, dass eine Entbindung zu einem Trauma werden kann: Die Frau ist voreingenommen und geht mit Beklemmung, Furcht, Unsicherheit, Angst bis hin zu Schreckzuständen in die Geburt. Die Folgen einer solchen Einstellung sind Verspannungen der Muskeln und nervöse Erregungszustände, die von Muskelschmerzen und großer Alarmbereitschaft für jedes auftretende Symptom begleitet werden. Das kann so weit gehen, dass die Frau das Ungeborene als Auslöser von starken Schmerzen empfindet.

Wie wir wissen, gab es in den Gemeinschaften der alten Kulturen Amerikas ganz andere Möglichkeiten, Kinder auf die Welt zu bringen – Möglichkeiten, die für die Frau ohne jegliches Trauma verliefen. So weiß man zum Beispiel, dass sich die Schwangere für die Geburt den Ast eines Baumes aussuchte oder einen Strick aufhängte, in die Hocke ging und mit aller Kraft daran zog. Die Hockstellung ist die natürlichste Stellung, um zu gebären. Frauen bekamen ihre Kinder mitten auf dem Feld, in kurzer Zeit und ohne große Schwierigkeiten.

Bis jetzt war die Entbindung bei uns eine klinische Erfahrung in einem medizinischen Gebäude. Aus diesem Grund assoziieren wir sie mit Krankheit, Krankenhaus-Stress und – infolge der übermäßig großen Anzahl von Kaiserschnitten – auch mit einer Operation.

Der Gedanke, dass ein medizinisches Team um die Gebärende herumstehen muss, birgt eine tiefe Entfremdung gegenüber einer an sich natürlichen Erfahrung, die besser in einer entspannten, natürlichen Atmosphäre im geborgenen Umfeld der Familie verlaufen sollte.

Die Arbeit der Hebammen als geschulte Begleitung bei der Entbindung sollte weltweit mehr unterstützt werden, denn sie ist für Hausgeburten geeignet oder für Geburten an einem stillen, entspannten Ort. Eine Hebamme gibt Mutter und Kind die notwendige Aufmerksamkeit, ohne dass die Erfahrung der Geburt mit der stressigen Situation in der Krankenhausumgebung verbunden wäre.

Ein Krankenhaus sollte nur für wirklich gefährliche und schwierige Ausgangssituationen infrage kommen, für die eine medizinische Umgebung mit der entsprechenden Ausstattung unbedingt notwendig ist. Solche Fälle kommen jedoch in Wirklichkeit selten vor. Die meisten Frauen erleben einen komplikationslosen, gesunden und natürlichen Geburtsvorgang.

Wir müssen als Frauen, die sich ihrer weiblichen Fähigkeiten voll bewusst sind, den neuen Generationen zeigen, dass man dem natürlichen Geburtsvorgang vertrauen kann. Wie wir wissen, unterstützt uns die göttliche Natur; sie macht eine wirklich wunderbare Arbeit für uns.

Die Geburt ist ein Augenblick unendlicher Freude. Es ist der

Höhepunkt einer freudigen Zeit der Erwartung, in der bereits eine Verbindung mit dem geliebten Wesen entstanden ist, das jetzt das Licht der Welt erblickt. Wenn die Mutter endlich ihr Neugeborenes in den Armen wiegt, es bedeckt und seine zarte Haut liebevoll küsst, erlebt sie eines der schönsten Gefühle im Leben. Wenn wir uns ganz mit diesem mütterlichen Gefühl erfüllen lassen, mit dieser zarten Leidenschaft für das Leben, und entspannt darauf vertrauen, dass wir Göttinnen in einem herrlichen menschlichen Körper sind, durch den wir unsere weiblichen Gaben vollkommen verwirklichen, dann wissen wir, dass alles für uns gut ist. Wir können darauf vertrauen, dass wir bereit sind, den Geburtsvorgang als eine übergreifende Erfahrung zu erleben, die sich wundervoll in unser Leben einprägt.

Für mich ist die Geburt ein lichtvoller Augenblick der Freude. Damit ist sie das genaue Gegenteil der häufig anzutreffenden Vorstellung des Leidens. Wenn wir bereit sind, uns für alle Bewusstseinsebenen zu öffnen, wird der Körper in einen seelisch-geistigen Zustand gehoben, der die psychologische Struktur des Kindes für den Rest seines Lebens festlegt. Bei seinem Weg durch den Geburtskanal prägen sich die Gedanken, Gefühle und der Geist der Mutter in die Seele des Wesens ein. Diese Energie wird im Lauf seines Lebens immer wieder aufscheinen.

Ich bin Mutter von vier Kindern und habe selbst erlebt, wie sich dies in ihrem Leben immer wieder deutlich bewahrheitet hat; wie sehr sich also meine Gefühle, meine Gedanken und mein geistiger Zustand bei der Geburt als unauslöschlicher Stempel in der psychischen und geistigen Struktur meiner Kinder eingeprägt haben. In jedem Kind kann ich diesen Stempel mit voll-

kommener Klarheit erkennen und mit meinen Erfahrungen bei seiner Geburt in Verbindung bringen.
Ich möchte als persönliche Erfahrung hinzufügen, dass ich bei der Geburt meines Sohnes Itauqui einen Augenblick vollkommener Glückseligkeit erlebt habe. Es war wie ein Orgasmus von grenzenloser Intensität. Ich erkannte, dass die Geburt nicht nur ein Leben gebender Vorgang ist, sondern dass dabei auch das göttliche Bewusstsein anwesend ist. In diesem Augenblick können wir einen Zustand der Erleuchtung erreichen, der Vereinigung mit der ganzen Schöpfung. Es sind Momente höchster Ekstase und Freude.
Ich teile diese Erfahrung mit anderen Frauen, die während der Wehen ähnliche Zustände erlebt haben. Ihr Körper trat in andere Ebenen ein und verwandelte sich in ein strahlendes Energiefeld von Licht und Leben, das die Geburt erleichterte und der Mutter eine unbeschreibliche Erfahrung von Licht, Liebe und Glückseligkeit schenkte. Dieses Gefühl würde ich gerne mit allen Frauen teilen, denn das ist die wahre Dimension einer Geburt. Durch die falschen Vorstellungen über diese wiederzuentdeckende, wunderbare Art, Leben in die Welt zu bringen, ist sie einst in Vergessenheit geraten.

Die Atmung ist ein wichtiger Teil der Geburt. Ich rate allen Frauen, die verschiedenen Formen der Atmung zu üben, welche eine Geburt von der psychischen Seite vorbereitend begleiten. Ich lege ihnen auch die Kinich-Ahau-Atmung ans Herz.
Ich empfehle, zwischen zwei Wehen den göttlichen Atem mit leicht geöffnetem Mund aufzunehmen, damit sich die Frau auf höchster Ebene nähren, stärken und erholen kann. Mit dieser sanften, langsamen, gehauchten Atmung nimmt die Frau viel

Prana auf. Es weckt die geistigen Ebenen, entspannt das Nervensystem und gibt inneren Frieden. Stell dir vor, wie eine große Menge strahlender Energie in dich hineinströmt, um die Geburt zu unterstützen, und wie diese Energie dazu beiträgt, dass alles einwandfrei arbeitet. Gib dich dieser Erfahrung mit ganzem Herzen hin. Sei dir bewusst, dass es ein herrlicher Augenblick in deinem Leben ist und dass du dich – wie wir alle – entschieden hast, ihn in einem Zustand höchster Weisheit und Liebe sowie des Lichts zu erleben.

Während des Geburtsvorganges sollte die Frau auf keinen Fall Nahrung zu sich nehmen. Ihr Körper greift gerade auf alle Speicher zurück. Ein Verdauungsvorgang würde die anderen Vorgänge stören, die gerade stattfinden. Natürlich ist eine direkte Energieaufnahme unentbehrlich; daher empfehle ich, reinen Bienenhonig oder 100-prozentigen Ahornsirup teelöffelweise einzunehmen – oder auch frisch gepresste Fruchtsäfte. (Hinweis: Säuglingen im ersten Lebensjahr darf jedoch *niemals* Honig verabreicht werden!) Mit dieser kalorienreichen Energie von höchster Qualität kann die Frau den Geburtsvorgang kraftvoll weiterführen.

Ihr Lebenspartner hat die Aufgabe, sie mit seiner Liebe zu unterstützen, ihr die Hand zu halten, ihr Wärme zu geben und ihr Mut zuzusprechen. Er sollte ihr helfen, sich daran zu erinnern, dass sie eine lebende Göttin ist, die gerade einen wundervollen Augenblick erlebt. Er sollte sie auch daran erinnern, ihre Atemübungen zu machen und zwischen den Wehen die gehauchte Kinich-Ahau-Atmung einzusetzen, um sich mit möglichst viel Energie aus den höchsten Ebenen des Lichts zu stärken. Er sollte auch ihr Gesicht mit kalten Tüchern erfrischen und ihre Lippen mit etwas Feuchtem benetzen, um sie vor dem Austrocknen zu schützen.

Alles, was zu einer harmonischen und entspannten Umgebung beiträgt, ist bei einer Entbindung willkommen. Hierzu gehören sanfte Musik, Räucherwerk, Blumen, ein häusliches Umfeld, die Anwesenheit der Liebsten usw., also alles, was das Wohl des gerade stattfindenden Geschehens fördert. Es ist die göttliche Mutter, die sich in diesem Augenblick im Körper der Gebärenden verwirklicht – wie ein vollkommener Segen, wirksam und kraftvoll. Wenn wir uns auf die Anwesenheit der göttlichen Mutter einstimmen, die in einem wohltätigen Einklang über unserem Körper schwingt und über das körperliche, energetische und geistige Umfeld wacht, entsteht ein Energiefeld, das ein wunderbares neues Wesen im Leben willkommen heißt.

Menopause

Der Zeitpunkt, wenn die monatliche Blutung ausbleibt, wird auch Klimakterium genannt. Allgemein verbindet man die Menopause mit einem Absinken der Lebenskraft und mit Alltagsschwäche. Sie wird als Zeichen für ein nahendes Lebensende angesehen. Diese Annahmen schaden uns – lassen sie uns doch in dem Glauben, dass die empfängnisfähige Zeit die wichtigste im Leben einer Frau darstelle und dass eine andere Lebensphase keinen wirklichen Sinn habe. Diese Verfälschungen haben den wahren Wert älterer Frauen und ihrer grenzenlosen Weisheit,

die sie im Lauf ihres Lebens gesammelt haben, fast vollständig zunichte gemacht.
Die alten Kulturen wussten um den wahren Wert einer Frau nach ihrer gebärfähigen Zeit. Damals wusste man, dass die Frau in einen kraftvollen schöpferischen Abschnitt ihres Lebens eintritt, und schätzte ihre Weisheit sehr. Die Ratschläge einer Frau, die ihr Leben bewusst gelebt hat, sind voller Feinfühligkeit und Weitblick. Dadurch wird sie zu einer wunderbaren Führerin für die nachfolgenden Generationen.
In dieser Zeit der Veränderung sollten wir der Lebensfreude, die diesem Abschnitt im Leben einer Frau gebührt, wieder neue Bedeutung zukommen lassen: Dann kann sie ihre weiblichen Gaben in unvergleichlicher Schönheit entfalten, wenn man ihr begegnet.
Die ältere Frau wird auch als »Ixpapalotl-Schmetterlingsfrau« bezeichnet. Die Zeit, in der die Raupe in ihrem Kokon war, ist überwunden. Mit anderen Worten: Nun ist der Lebensabschnitt vorbei, in dem sie die Aufgabe hatte, sich um ihr eigenes Nest bzw. um die Familie zu kümmern. Jetzt verwandelt sich die Frau in einen Schmetterling, der seine wunderschönen bunten Flügel entfaltet. Jetzt ist sie frei, sich außerhalb des familiären Umfeldes auszudrücken und der Gemeinschaft ihre Anwesenheit und ihren Dienst zu schenken. Frei von allen ehemaligen Verpflichtungen gegenüber der Familie, kann sie jetzt zum öffentlichen Wohl beitragen. Hab keine Angst und nimm diese neue Lebenswendung an. Zeig dich mit der Würde, die einer lebenden Göttin eigen ist.

Wie man weiß, ist die Lebensdauer jedes Organismus fünfmal höher als die Zeit, die zur Ausreifung seiner Knochenstruktur nötig ist. Ein menschlicher Organismus braucht dazu etwa 25 Jahre. Multipliziert mit 5, ergibt dies eine Lebenserwartung von 125 Jahren in bester Gesundheit. Wenn wir davon ausgehen, dass die Menopause zwischen dem 45. und 55. Lebensjahr beginnt, wird deutlich, dass die gebärfähige Zeit nicht einmal die Hälfte des schöpferischen Lebens einer Frau einnimmt, denn es folgt eine weitaus längere Phase der kraftvollen Erneuerung in einem glücklichen Leben!

Die weise Frau verbindet sich mit der Natur. Sie nimmt deren Gesetze an und verhält sich entsprechend. Aus diesem Grund ist sie sehr darauf bedacht, sich gesund zu ernähren. Sie isst Früchte und Gemüse aus biologischem oder naturnahem Anbau und lässt industriell gefertigte und denaturierte Speisen oder Dosennahrung weg, da sie die Zellen des Organismus übersäuern und vergiften. Für ein gesundes Leben sollten wir zu einem Lebensstil überwechseln, der einer lebenden Göttin gebührt: ein Leben frei von alkoholischen Getränken und Giften wie Koffein, kohlensäurehaltigen Limonaden mit übermäßigem Zuckergehalt, raffiniertem Mehl ohne volles Korn usw. – also Verzicht auf fragwürdige Genussmittel, die dem Organismus keine wertvollen Nährstoffe bringen, ihm vielmehr lebenswichtige Substanzen rauben.

Ja, es stimmt, die Medizinfrau besitzt die Weisheit, die Qualität der Nahrungsmittel zu erkennen und das Umfeld und die Gegebenheiten wahrzunehmen, die ihr guttun, weil sie ihr die beste körperliche, emotionale, mentale und geistige Gesundheit schenken.

Phytoöstrogene (östrogenhaltige Pflanzen), die im Wesentlichen aus Sojaprodukten stammen, sind eine ausgezeichnete

Nahrungsquelle und schenken ein hohes Maß an regenerierender Lebenskraft. Sesamsamen sind reich an bioverfügbarem Kalzium und erhalten die Knochenstruktur in bestem Zustand. Gelée Royale enthält viele wichtige Substanzen, die der weiblichen Energie zugute kommen und den Organismus allgemein stärken. Es reicht, wenn du morgens eine Löffelspitze Gelée Royale unter deine Zunge gibst. Täglich 1 bis 2 Liter reines Wasser trinken – das versorgt Organismus und Haut mit genügend Feuchtigkeit.

Damit die Schmetterlingsfrau ein längeres Leben genießen kann, ist auch eine positive Grundhaltung gegenüber dem Leben sehr wichtig. Sie hat große Freude an allem, was sie tut. Sie handelt mit der Weisheit, die sie in den Herausforderungen des Lebens erworben hat. Jetzt kann sie ihren Geist in all seiner Fülle fühlen und leben. Sie weiß sich als lebende Göttin, die über die Erde schreitet und der Welt durch ihre kostbare Anwesenheit Heilung schenkt.

Beruf und Arbeitswelt

Wir leben heute in einer Gesellschaft, in der viele Frauen ihre berufliche Arbeit als wesentliches Lebensziel betrachten. Die anderen Aspekte ihres Seins gelten als zweitrangig angesichts der starken Bedeutung, sich an ihrem Arbeitsplatz zu behaupten. Leider ist dieses Arbeitsfeld selten so gestaltet, dass die Frau ihre Rolle als Mutter und nährende, geistige Unterstützung der Familie ebenso intensiv ausfüllen könnte. Unbarmherzig sieht sie sich gezwungen, die hohen beruflichen Erwartungen zu erfüllen, die ihr Zeit, Aufmerksamkeit und Frieden rauben. Dabei geht kostbare Zeit für Wärme und Entspannung mit ihren Kindern und ihrem Partner verloren.

Der Begriff »Schlüsselkind« beschreibt ein Kind, das aus der Schule nach Hause geht und den Nachmittag allein – vor dem Fernseher – verbringt. Wenn seine Eltern am späten Abend heimkommen, bleibt nur noch Zeit für ein Abendessen und das Zubettgehen. Ein solches Kind ist emotional und geistig unterernährt. Es kann seine wertvollen Eigenschaften als Mensch schwerlich entwickeln.

Das soziale Geschwür, das für die Entwicklung von Kindern mit einem niedrigen psychologischen und geistigen Profil verantwortlich ist, zeigt sich zuweilen in extremen Gewalttaten von Jugendlichen. Sie töten ihre Schulkameraden mit Feuerwaffen oder werfen Bomben oder schließen sich einer »dunklen« Gruppe an, die Aggressivität, Gewalt und Formen von asozialem Verhalten verherrlicht. Das ist jedoch nur die sichtbare Oberfläche. In Wirklichkeit sind es traurige Kinder: Es mangelt ihnen an Nähe, an einer Umarmung und an ruhigen, entspannten Phasen mit Eltern und anderen Vertrauenspersonen, die gerne bereit gewesen wären, sie psychologisch und geistig zu nähren, auf dass sich diese Kinder in ihrer ganzen Fülle entwickeln mögen.

Es wird viel über die »Qualität der Zeit« oder auch »Zeitqualität« gesprochen. Natürlich handelt es sich nicht nur um die reine Anwesenheit, sondern darum, wirklich »gegenwärtig« zu sein. Das bedeutet, dass das Kind von der echten Ausstrahlung unseres Wesens begleitet wird, damit es sich in einem liebevol-

len Umfeld geborgen fühlt – bei Eltern (insbesondere seiner Mutter), die es mit Warmherzigkeit überschütten. Wenn beide in dieser Zeit liebevolle Intelligenz und tiefe Feinfühligkeit, die aus dem Herzen kommen, miteinander teilen und das besondere Wesen des Kindes geachtet wird, entsteht ein magischer Beziehungskreis, in dem sich das Kind gehört, geachtet und unterstützt fühlt.
Ich möchte auch betonen, dass sich »Qualitätszeit« nicht nur auf 5 Minuten beschränkt. Viele sind der Meinung, es komme nicht auf die Dauer der Zeit an, sondern auf deren Qualität. Es ist offensichtlich, dass ein echtes Miteinander und ein persönlicher Kontakt mindestens ein paar Stunden brauchen. Wir sollten nicht vorgeben, diese scheinbare »Qualität« in ein paar Minuten erreichen zu können.

Das Thema »Mutter und Berufstätige« sollte eine sozialpolitische Angelegenheit werden, für die es eine Lösung zu finden gilt, die einer Frau würdig ist. Man sollte ihr Arbeitszeiten anbieten, die es ihr erlauben, ihre beruflichen Aufgaben zu erfüllen und gleichermaßen die heilige Aufgabe, ein Kind zu umsorgen. Beiden Aspekten ihres Lebens sollte die gleiche weitreichende Bedeutung zukommen.
Diese soziale Forderung wird dann entstehen, wenn Frauen aufs Neue erkennen, dass ihre Zeit zu Hause außergewöhnlich wertvoll und alles andere als eine »Zeitvergeudung« ist. Es wird ihr bewusst werden, dass die Pflege von Beziehungen in der Familie ein soziales Wohlergehen erschafft, das klar erkennbare Früchte trägt.

9

Die Einheit von weiblich und männlich

Die Vereinigung der Gegensätze in dir selbst

In der Einheit, die das erschaffene Universum beschützt, sind männliche Zeugungskraft und weibliche Empfängniskraft immer gegenwärtig. Ohne das Miteinander dieser beiden Kräfte wäre kein neues Leben im Universum möglich. Es ist daher leicht zu verstehen, dass die organische Einheit eines Lebewesens zu gleichen Teilen aus beiden Kräften besteht. Dies zeigt sich nicht nur in den zwei Gehirnhälften – logisch-rationales Denken und sinnlich-emotionales Denken –, sondern auch in weiteren körperlichen Bereichen: Armen, Beinen und allen paarigen Organen, die man mit den Eigenschaften dieser beiden Pole in Verbindung bringt.

Die linke Hand, die weiblich-magnetische, ist die empfangende. Wir sollten sie benutzen, um zu empfangen, zum Beispiel auch Geld. Die rechte Hand ist die gebende, die Hand, die anbietet. Damit sich der Geldkreis schließt, sollten wir mit der rechten Hand bezahlen, damit die Energie des Universums kreisen kann und elektromagnetische Felder der Fülle entstehen lässt. Wenn wir das tun, schließt sich auch in unserem Inneren der Kreis von Geben und Nehmen. Somit entsteht ein magnetischer Kreis, der wiederum magnetische Fülle erschafft.

Die Übungen in diesem Buch zeigen einen Weg, den heiligen weiblichen Eigenschaften ihren Wert zurückzugeben, nachdem sie irreführenden Vorstellungen zum Opfer fielen, welche das wahre Wesen des Weiblichen verzerrten. Indem wir ein altes, vergessenes Wissen ans Licht holen und wieder einfordern, bieten wir der Frau diese Werte an und stellen es ihr anheim, sie zu sich zurückzuholen und sie mit tiefer Würde in ihrem Frausein zu leben. Das Gleiche gilt auch für die Männer im Hinblick auf die Feinfühligkeit, Wahrnehmungsfähigkeit und Anbindung ihrer weiblichen Seite. Wir sollten uns jedoch immer daran erinnern, dass wir eine *Einheit* sind: Es ist wesentlich, dass beide Kräfte mit innerer Stimmigkeit handeln und dass die Gegenwart beider Kräfte unsere Handlungen, Sichtweisen und unser Verhalten gegenüber dem Leben bestimmt. So können sich beide in ihren prototypischen Eigenschaften ergänzen.

Um ein ausbalancierter Mensch mit einer umfassenden und ausgewogenen Sichtweise zu sein, müssen wir unterschiedliche Lebenseinstellungen integrieren; nur so können wir uns weiterentwickeln und der Vielfalt den gebührenden Respekt und die Toleranz erweisen, die dem Menschen der neuen Zeit entspricht.

Es ist nicht nur wichtig, Ereignisse feinfühlig wahrzunehmen, sondern sie auch ganz praktisch anzugehen; nur so ziehen wir die geeigneten Mittel oder Elemente an, damit sich dieses oder jenes Vorhaben in unserem Leben umsetzen lässt. Es geht um ein Gleichgewicht zwischen Impuls und Nachdenken, zwischen

verstandesmäßiger und emotionaler Intelligenz, zwischen der Kompetenz, zu handeln, und der Fähigkeit, nachzudenken; es geht auch um ein gesundes Gleichgewicht zwischen Wettbewerb und Zusammenarbeit.
Auf dieser Stufe der Menschheitsentwicklung müssen wir jetzt den schädlichen »Kampf der Gegensätze« hinter uns lassen. In solchen Kämpfen polarisieren sich die Positionen, die gegnerischen Seiten ergehen sich in unendlichen Diskussionen. All das verschleißt Lebensenergie und behindert den Fluss des Lebens, der immer aus zwei Polen besteht. In der neuen Zeit muss daher intensiv an der *Integration der Gegensätze* gearbeitet werden – an einer Vorstellung der *Ergänzung,* welche die Gegenpole in einer logischen, verständlichen Einheit zusammenschließt. Wenn wir unterschiedliche Eigenschaften vereinen, leben wir die wahre *Ganzheit unseres Höheren Seins* mit mehr Klarheit.

Aus meiner Sicht sollte auch die Wiederentdeckung der heiligen männlichen Energie in unser Blickfeld gelangen. Meines Erachtens ist sie angesichts einer Männlichkeit verloren gegangen, die vielerorts noch mit Gewalt, falschem Stolz, Überheblichkeit und Herrschaftsgebaren einhergeht – Eigenschaften, die nicht zu der reinen Natur dieser Energie gehören. Auch für Männer ist die Zeit gekommen, sich auf die Suche nach ihrem ursprünglichen männlichen Wesen zu machen, um es in ihrem Leben zum Schwingen zu bringen – zu ihrem eigenen als auch zu unser aller Wohl. Wir Frauen können uns unseren männlichen Anteil ebenfalls in Erinnerung rufen und uns gemeinsam mit den Männern auf eine neue Daseinsebene erheben.
Eine harmonische Verbindung der weiblichen und männlichen Kräfte auf höchster Ebene schenkt uns ein ausgeglichenes Leben

mit einer sphärischen Energie. Das bedeutet, dass sich der Kreis des Lebens immer wieder in uns erschafft, da sich beide Kräfte in uns stets aufs Neue miteinander verbinden.
In der spirituellen Arbeit ist es äußerst wichtig, die geheilten Kräfte beider Energieformen erneut zu verankern, denn es heißt: »Man geht als Paar in den Himmel ein.« Wir können höhere Entwicklungsstufen nur dann erreichen, wenn wir in uns selbst die beiden Pole ausbalanciert haben. Dies geschieht durch die *mystische Hochzeit der weiblich-männlichen Pole in jedem von uns.*

Die Vereinigung der Gegensätze in der Partnerschaft

Durch die Anwesenheit eines Mannes im Leben einer Frau kann eine weiblich-männliche Verbindung entstehen und sich in unserem Alltag zeigen. Endlich sehnen wir uns danach, eine Beziehung zwischen beiden Geschlechtern aufzubauen, in der die ursprüngliche Natur beider geachtet wird, beide die gleiche Würde genießen und die Gegensätze ihren Ausgleich finden. Dies ist die Voraussetzung, um erfüllte Beziehungen zu leben und eine Gesellschaft der Fülle aufzubauen. Dank dieser Öffnung weiten wir unseren Blick. Der Gedanke, dass ein Geschlecht das andere beherrscht, sollte keine Zustimmung mehr finden. Für eine umfassende Lebenserfahrung sind beide Pole unbedingt notwendig. Die Achtung vor den Eigenschaften und Verhaltensformen des anderen Geschlechts ist der einzig wahre Weg für eine liebevolle gegenseitige Anerkennung. Sie bringt Freude in unsere engsten Beziehungen. Mit dieser Achtung nähren wir unsere guten Beziehungen zu Eltern, Freunden, Geschwistern, Kindern, Arbeitskollegen.

Dem Paar als Einheit kommt in diesem geschichtlichen Moment beim anstehenden Bewusstseinswandel der Menschheit eine wichtige Rolle zu. Das Paar bildet einen gemeinsamen Raum, in dem die beiden Schöpferkräfte des Universums aufeinandertreffen: zum einen die erzeugende, positiv geladene, elektrische Energie, zum anderen die empfangende, negativ geladene, magnetische Energie. In einer Beziehung begegnen sich nicht nur zwei Menschen – sie bilden auch die Bühne für das universelle Spiel der zwei schöpferischen Kräfte: *Gott und Göttin in Aktion. Die Schwingung, die von beiden Partnern ausgeht, hat einen tiefen Widerhall im gesamten planetarischen Raum.* Wenn sich Partner streiten, sich gegenseitig Schuld zuweisen, miteinander konkurrieren oder sich ungerecht gegen den anderen verhalten, strahlen sie diese Energie automatisch auf ihr Umfeld aus und vergiften es mit diesem schädlichen Verhalten.

Das Paar bildet die Einheit im Mikrokosmos. Eine Veränderung in seiner Beziehung wird sich immer in der Familie, in der Gemeinde und im Frieden dieses Planeten widerspiegeln. Daher muss die Frau als das »Licht der neuen Zeit« besonders auf die Erhaltung der Harmonie in einer Partnerschaft achten. Dann kann sich in der Paarbeziehung ein gesundes Verständnis füreinander, eine feinfühlige, gegenseitige Achtung und geistige Größe entwickeln. Wir sind uns bewusst, dass wir daran fortwährend arbeiten müssen, da sich in der alten Form der Mann-Frau-Beziehung allzu viele Machtkämpfe, Lieblosigkeit, Intoleranz, Leid usw. verfestigt haben. Mit Ausdauer und Hingabe, beides weibliche Eigenschaften, könnte jedoch ein gesundes Gleichgewicht hergestellt werden.

Die Liebe, die einer dem anderen in einer Partnerschaft hingebungsvoll zuteil werden lässt, macht es möglich, das geliebte Wesen zu erfühlen und seinen wahren Wert zu erkennen. Lassen wir alle Trennungsgedanken los. Gehen wir Hand in Hand mit dem uns ergänzenden Partner bzw. der uns ergänzenden Partnerin durchs Leben. Öffnen wir ihm oder ihr unser Herz und nehmen wir wahr, welche wunderbare Bereicherung er oder sie für unser Leben ist.

Die heilige Sexualität der Frau in ihrer Rolle als Priesterin

Die Erfahrung einer erfüllten Sexualität sollte allen Frauen zuteil werden, die sich dafür entschieden haben, ihr Leben voll und ganz auszukosten. Damit ist nicht nur die fleischliche Lust gemeint, sondern auch der heilige, göttliche Aspekt.

Wenn wir unsere Sexualität mit wachen Sinnen leben, ist sie ein Weg zur spirituellen Verwirklichung. Sie ist wie ein kraftvoller Impuls, um zu den sublimsten Ebenen vorzustoßen, wo das erweiterte Bewusstsein einen Mega-Orgasmus (Maha Mudra) mit Gott und der gesamten Schöpfung erlebt.

Lassen wir jegliche negativen Vorstellungen hinter uns, sei es Schuld oder Angst, und treten wir in das »Paradies der Liebe« ein, wo wir alles Schöne in uns zum Erblühen bringen. Mit deinem Sexualpartner teilst du die unbeschreibliche Schönheit deiner tiefen Sinnlichkeit und bietest ihm zärtliche Liebkosungen an, die ihn anregen, seine Sexualität über den physischen Körper hinaus zu erleben – damit auch er höhere Dimensionen der Sinnlichkeit erkunden kann und ihr euch im glühenden Meer göttlicher Leidenschaft vereinen könnt. So eröffnen sich dir die feinstofflichen Welten, die geistigen Welten, die Farben der Schöpfung.

Die vollkommene Hingabe von Körper, Seele und Geist ist die göttliche Eigenschaft der Priesterin. So betritt sie das makellose Heiligtum der heiligen Sexualität. Erfüllt von Liebe zu Gott, sieht sie in ihrem Partner die Verkörperung des Göttlichen, vereint sich mit seiner höheren Essenz und löst sich auf in der umfassenden Umarmung der unendlichen Liebe des Schöpfers.

Während der sexuellen Vereinigung erschaffen beide die elektrisch-magnetischen Kräfte in einem gemeinsamen Energiefeld, das den Liebespartnern die Erfahrung der Fortpflanzung und der Schöpfung auf geistiger Ebene schenkt. Bei der weiblich-männlichen Vereinigung entsteht ein ganzheitlicher Energiezyklus, der den Austausch und die Zusammenfügung der beiden Kräfte ermöglicht. Dadurch können beide Partner in sich selbst das Gefühl der Vollständigkeit durch Vereinigung der Gegensätze erfahren.

Unsere Aufmerksamkeit konzentriert sich jetzt im Wesentlichen darauf, der reinen Energie in der menschlichen Sexualität ihre heilige Würde neu zu verleihen. Das bedeutet aus objektiver Sicht gesehen, dass sich der Mensch über die sexuelle Magie wieder mit dem Göttlichen verbinden kann. Die Sexualität ist ein Weg, um den Himmel zu erreichen, ein Mittel, um Lichtwellen der Veränderung und der Heilung zu erschaffen. Gleichzeitig ist sie ein heiliger Raum, in dem der Kontakt mit dem Geliebten das Bewusstsein erhöht, um eins zu werden mit der universellen Liebe.

Die heilige Begegnung der Liebenden

Der Austausch von sexueller Energie mit einem Menschen ist kein belangloser Augenblick in unserem Leben – ganz im Gegenteil, wir sollten uns den betreffenden Menschen vorher sehr genau betrachten. Ganz klar sollten wir die Art seiner Energie erfassen: Was sind seine Absichten? Ist er wirklich bereit, auch die höheren Bewusstseinsebenen der Sexualität mit einzubeziehen? Fühlt er eine Zuneigung zu dir? Empfindet ihr beide in allen Bereichen eine gleich starke Anziehung? Diese Fragen sollten genau beantwortet werden, um Frustrationen zu vermeiden. Das hilft uns, Menschen zu meiden, die nicht im Einklang mit der sexuellen Magie sind. Magie bedeutet: schöpferische Energie bewusst bewegen.

Um eine bestimmte Wirkung zu erzielen, ist es notwendig, dass wir unser Umfeld und die Umstände bewusst wahrnehmen: wach und gegenwärtig sein; wissen, was man tut; wissen, wie, wo und mit wem man welche Wirkung erleben möchte. Unser Bewusstseinszustand macht uns zu Schöpfern und Schöpferinnen der eigenen Erfahrungen. Er zwingt uns, Architekten der von uns gewünschten Lebensordnung zu sein, um sich über die reinen Grundgegebenheiten des Instinkts hinauszubewegen und uns mit dem Erhabenen zu verbinden.

Erst wenn beide Partner sicher sind, dass sie sich wertvoll ergänzen und somit eine Einheit bilden, die sich in Zärtlichkeit, Anziehung und geistiger Vereinigung ausdrückt, wird Sexualität zu einer außergewöhnlichen Möglichkeit der Bewusstseinserweiterung. Durch sie nimmst du die eigene Schöpfung, den Schöpfer und alle göttlichen Ebenen wahr, kannst sie fühlen und ertasten.

Wenn zwei Menschen vollständig bereit sind, ihre sexuellen Energien miteinander zu teilen, um gemeinsam ein großes elektromagnetisches Energiefeld zu erschaffen, wird ihre Begegnung immer von Glück erfüllt sein. Gleich einer feinstofflichen Schöpferwelt aus Licht wird ihnen mit der hohen Schwingung ihres gemeinsamen Feldes Selbstheilung geschenkt. Beim Höhepunkt erreichen sie noch höhere Bewusstseinsebenen.

Das physische Umfeld

Der Ort der Vereinigung sollte hygienisch sauber sein. Ist das nicht der Fall, werden Elemente mit niedriger Schwingung angezogen, deren Anwesenheit in einem so machtvollen Augenblick nur störend ist und sich negativ durch körperliche Schwäche, auch durch Krankheiten auswirken kann. Die Sucht nach niederen sexuellen Erlebnissen wird gefördert, wie etwa sadomasochistische Praktiken oder Erfahrungen in einem verwirrten bzw. psychotischen Zustand, die wider die Natur sind. Daher sind Hygiene, Ordnung und ein Hauch von Schönheit wichtig, damit der Ort ein energetisch und geistig reiner Raum wird.
Ein kleiner Altar für die vier Naturelemente und den großen Heiligen Geist verwandelt den Raum in einen Ort göttlicher Kraft, in dem die strahlende Energie der Aufgestiegenen Meis-

ter, geistigen Führer, Sternenwesen, Erzengel, Engel usw. anwesend ist. Sie unterstützen das Paar bei seiner mystisch-sexuellen Begegnung.

Die Stadien der sexuellen Begegnung

Vor dem körperlichen Kontakt solltet ihr euch einander gegenübersetzen und euch tief und liebevoll in die Augen schauen. Schenkt euch so lange Zeit, wie ihr in dem anderen von Wesen zu Wesen versunken bleiben möchtet. Nehmt dabei den Liebesfluss wahr, der aus jedem herausströmt, um miteinander zu verschmelzen und sich als eins zu erfahren.

Während der ersten körperlichen Kontakte erlebt ihr eure körperliche Sinnlichkeit. Fühlt euch dabei ganz in den Körper hinein. Genau diese Gefühle sind die Plattform, von der aus sich die Energie entzünden wird. In dieser Zeit ist es ganz wichtig, sich von allen Vorstellungen und Ideen zu befreien. Genießt ganz einfach den Kontakt, den euch der Partner in seiner reinen Natürlichkeit und Spontaneität anbietet.

Zärtlichkeit und Küsse gehören dazu, denn sie sind der Ruf, welcher der Entfaltung von Lebensenergie vorausgeht. Diese baut sich langsam auf, um im gegebenen Augenblick ausdrucksstark zu werden.

Mit der genitalen Berührung übernimmt die Körpersprache die Führung. Mit ihr drücken beide ihre Wünsche aus, zeigen ihr Befinden in einer bestimmten Stellung oder bei einer Bewegung. Lasst euch ganz auf diesen Augenblick ein und genießt den Energiefluss, den euch euer Partner oder eure Partnerin schenkt. Erweitere deine eigene sexuelle Erfahrung mit der lustvollen Begegnung des »anderen in dir« und »du im anderen«. Lass dich davon anregen.

Ich möchte darauf hinweisen, dass die sexuelle Erfahrung keine rein persönliche Befriedigung ist, sondern dass Magie erwacht, wenn eine körperliche, energetische, gefühlsmäßige, geistige und spirituelle Begegnung mit dem anderen entsteht. Bei dieser Form der Vereinigung erleben beide auf der Körper- und Gefühlsebene höhere Zustände von Lust und Genuss. Es sind Wahrnehmungen von Licht und Empfindungen von außerordentlicher Schönheit.

Sobald sich die liebevolle Vereinigung in der sexuellen Begegnung verstärkt, benutze diese Energie, um deinen Geliebten bzw. deine Geliebte auf die Stufe eines aktiven Gottes bzw. einer aktiven Göttin zu heben. Nimm deinen Partner als strahlendes Lichtwesen wahr, der dir nicht nur körperlichen Genuss bietet, sondern dir auch unendlich viele Lichtwellen der Veränderung zuteil werden lässt. Sie sind segensreich und aktivieren die höchsten Lichtschwingungen in dir. Vergiss nicht, dass auch du mit deinem Partner das Beste teilst, was du seit deiner geistigen Erschaffung erhalten hast. Jetzt sind beide nach innen eingedrungen, in die Ebene der gemeinsamen Schwingungen, wie wir es nennen. Die Liebenden haben sie im Liebesakt gemeinsam aufgebaut.

Diese gemeinsame Schöpferebene ist aus unendlich vielen Lichtfasern entstanden, die das Paar bei seiner Vereinigung aussendet. Je höher ihre psychisch-geistige Schwingung, desto höher auch ihre Schwingungsebene. Sie entsteht aus der bioenergetischen Erfahrung des Liebespaares. Jene Schwingungsebene ist ausgesprochen schöpferisch. Wird ihr eine bestimmte Absicht zugewiesen, besitzt ihre machtvolle Ausstrahlung eine klare, aufbauende Wirkung auf die Schöpfung.

Diese Ebene bildet sich aufgrund der kreisenden Bewegung der Lichtenergie in der sexuellen Begegnung. Ein Partner schenkt dem anderen seine Liebe, seine Anwesenheit und seine Energie, die im Kontakt mit dem anderen Menschen auf ihn übergeht. Dieser empfängt sie, nährt sie in allen Chakras und bringt sie in die verschiedenen Ebenen der geistigen Quelle. Von diesem erhabenen Mittelpunkt der universellen Schöpfung kehrt die Energie zu dem Geliebten zurück, um in ihm den gleichen Zyklus des Wohlbefindens zu wiederholen, den sie beim Partner, der Partnerin erlebt hat. Dieser kraftvolle Energiezyklus verwandelt die sexuelle Beziehung in eine sehr genussvolle Erfahrung auf allen Ebenen des Seins. Es ist eine intensive und lustvolle Erfahrung, denn das Empfangen von göttlichem Licht schenkt uns Glückseligkeit. Unsere Lichtkörper werden neu gebildet und unsere Chakras ausgeglichen. Eine große Heilkraft entfaltet sich auf allen Daseinsebenen.

Sexuelle Stellungen

Die sexuellen Stellungen von Paaren sind so verschieden wie ihr Geschmack und ihre Bedürfnisse. Trotzdem möchte ich diejenigen erwähnen, die dem Liebespaar die Weiterführung einer Begegnung auf höheren Ebenen ermöglichen, die gemeinsame Erfahrung der Bewusstseinserweiterung erleichtern und der Beziehung Wärme und Zärtlichkeit verleihen. Dazu gehören Stellungen mit Genitalkontakt oder einer Annäherung des Solarplexus der Partner sowie Stellungen, die den liebevollen Augenkontakt verstärken – kurzum: Stellungen, die für die Ausstrahlung und Widerspiegelung von schöpferischem Licht förderlich sind; zugleich kommt in ihnen der Gleichklang der Herzchakras zum Ausdruck. Ein Kuss übermittelt die kraftvolle Ausstrahlung zwischen den Liebenden und verstärkt ihre Gefühle füreinander.

Die sogenannte »Missionarsstellung« ist zutiefst mit dem Tabu der religiösen Erstarrung verbunden, aus dem man sie jetzt befreien sollte. In Wahrheit bietet auch sie Gelegenheit zu einer Begegnung, durch deren Schwingung das Liebespaar eine tiefe Einheit erfährt.

Die verschiedenen Stellungen und deren Varianten lösen auch unterschiedliche Reize aus, sowohl in der Vagina als auch am Penis. Der Körper des Geliebten ist ein fruchtbares Feld von bestimmten Energien, Schwingungen, Speichern, Erinnerungen und Absichten mit einer Vielzahl ganz persönlicher Empfindungen. Diese zu entdecken, ist eine lustvolle Erfahrung, die beide genießen sollten.
Die Arten der Erforschung und der gegenseitigen Durchdringung kennen keine Grenzen, solange sie auf einer tiefen Achtung für das Gegenüber und seine körperliche Ausstrahlung basieren und beide damit einverstanden sind.

Der weibliche Orgasmus

Frauen erleben mehrere Orgasmen hintereinander, die außerdem immer intensiver werden. Es sind lustvolle und lichterfüllte Explosionen. Je mehr sich diese typischen Muskelkontraktionen häufen, desto höhere Ebenen werden erreicht. Der Orgasmus ist ein Geschenk an das Meer des Lebens – eine tiefe Empfindung von Ausdehnung und Fülle.
Durch die Eigenschaften der Göttin kann eine Frau höhere Daseinsebenen erreichen; sie kann mit der feinfühligen Ener-

gie laut oder leise beten. Mit ihrer erweiterten Sichtweise empfängt sie lebhafte Bilder von außergewöhnlicher geistiger Kraft. Sie enthalten eine große Informationsmenge, heiliges Wissen.

Man sagt, eine Frau »weiß«. Ihre Fähigkeit, viele Informationen über die Sinnesfasern ihrer feinstofflichen Körper zu empfangen, macht sie weise. Die Information kommt aus den höheren Daseinsbereichen, wo das Leben mit durchdringender Klarheit betrachtet wird.

Die Lichtexplosionen während eines Orgasmus sollten von tiefen Atemzügen mit dem göttlichen Hauch begleitet sein. Durch sie öffnet sich das Bewusstsein der Frau immer mehr, wie eine Blume zur Mittagszeit. So empfängt sie alle Lichtwellen aus der ursprünglichen Schöpfung.

Die Kinich-Ahau-Atmung aktiviert eine elektrische Verschmelzung der Neuronen. Der Geist der Frau öffnet sich, um neue Informationen aufzunehmen und zu verstehen, eine klarere Sichtweise zu entwickeln und die Weisheit der Meister und Lichtwesen zu kanalisieren, die das Paar auf ihrem Weg zur gemeinsamen Erleuchtung unterstützen.

In der sexuellen Verbindung ist die Frau eine heilige Priesterin. Mit ihrer außersinnlichen Wahrnehmung und ihrem empfindsamen Herzen bietet sie ihrem Geliebten leuchtende Weisheit als hilfreiche Unterstützung zur Ausdehnung ihres gemeinsamen Lichtkörpers an. Die Intensität der aufeinander folgenden Orgasmen steigert sich in dem Maße, wie sich die Frau der sexuellen Erfahrung körperlich, seelisch und geistig hingibt – und je tiefer ihre Hingabe zu ihrem Geliebten ist. Sie sollte ihn als den strahlenden und reinen Gott erkennen, der er ist. Daher ist es jetzt an der Zeit, alle psychologischen Fesseln zu lösen, die mit Schuld oder Angst vor der sexuellen Begegnung einhergehen. Das gilt auch für jede negative emotionale bzw. psychologische Erfahrung, die eine tiefe Hingabe bei der sexuellen Vereinigung behindert.

Der männliche Orgasmus

Auch der Mann kann orgasmische Spasmen erleben, ohne dabei notwendigerweise seinen Samen zu ergießen. Um das zu erreichen, sollte er die Kinich-Ahau-Atmung einsetzen. Bei der Ausatmung stellt er sich vor, wie eine Flut von Lichtatomen aus ihm herausströmt: leuchtende Lichtfelder, Tausende und Abertausende von kleinen Sonnen mit der ganzen Kraft des Universums. Seine unbegrenzte schöpferische Energie findet in seiner Partnerin einen fruchtbaren Boden. Diese Energie besitzt die Fähigkeit, zu heilen und jede Zelle der Geliebten zu erneuern. Sie unterstützt auch die Anhebung ihres Bewusstseins, damit sie ihre Empfindsamkeit verfeinert und eine Verbindung zu den höheren Daseinsebenen aufbaut.

Das Bewusstsein des Mannes sollte auf allen Seinsebenen aktiv sein und voll und ganz die körperlichen Empfindungen genießen, denn sie sind der Motor und geben den Impuls für die Erweckung aller Lichtfasern seines leuchtenden Körpers. Beim lustvollen Genuss einer sexuellen Begegnung erhöht ein Mann seinen eigenen Bewusstseinszustand. Erneut wird er der Kraft des himmlischen Vaters begegnen, Gott, dem Schöpfer, dem Großen Geist (oder wie auch immer er die leuchtende Energie nennt). Mit diesem Wissen erwachen in ihm andere Bewusst-

seinsebenen. Im heiligen Augenblick der sexuellen Begegnung handelt der Mann aus der Fülle seines Seins.
Mit dem Samenerguss macht er die körperliche Erfahrung von ausströmenden Sonnenatomen. Mit diesem Strom sollte sich ein Mann als erhabener Priester erleben, der sich mit den Sonnen des Universums verbinden kann. Er besitzt die Fähigkeit, deren feine und gleichzeitig außergewöhnliche Schwingung auf diese dreidimensionale Ebene herunterzubringen. So wird ein Mann zum Schöpfergott.

Der Samenerguss ist ein natürlicher Vorgang im menschlichen Dasein. Er dient nicht nur der Arterhaltung, sondern auch der Erfüllung einer höheren Aufgabe: die Lichtkörper des Paares zu bilden bzw. wiederherzustellen. In diesem Sinn wird der Mann zu seinem eigenen Schöpfer. Er ist ein Wirklichkeit gewordener Gott, der den Lichtatomen die Anweisung erteilt, alles, was er als notwendig erachtet, ohne Einschränkung zu erschaffen.
Der Schöpfergott benutzt seinen Samenerguss, um auf geistige Anordnung hin eine Absicht zu formulieren. Ein Beispiel dazu: Die Absicht kann eine Zellerneuerung unterstützen, die beiden Partnern Heilung schenkt. Sie kann auch die Energiefelder neu ordnen, um eine intensivere Verbindung mit der universellen Energie aufzubauen. Sie kann Bewusstseinsräume eröffnen, mit denen beide die heiligen Bereiche betreten, in denen die göttlichen Archetypen verwahrt sind. Diese können sich klar, entschieden und vollständig im Körper und im Leben beider Partner verwirklichen.
Die Liste der Beispiele ist endlos – je nachdem, was ein Mann zum Leben erwecken möchte, und ganz wie es seinen Atomen

entspricht, in denen die gesamte Schöpferkraft des Universums enthalten ist.
Mit der Vorstellung, der Samenerguss bedeute einen Verlust von Lebensenergie, muss endlich Schluss gemacht werden. Er stellt vielmehr eine Reaktion auf die Bewegung im Universum dar, die für die dauerhafte Regenerierung aller Lebewesen zuständig ist und daher ewige Gültigkeit besitzt.

Wieder einmal wenden wir uns an die Kraft der großen Sonne und bitten sie, die irrigen Glaubenssätze mit dem unerschöpflichen Magma ihres Seins aufzusaugen und zu verbrennen.

In der Weisheit des Daseins sind Mann und Frau hier auf Erden aktive Vertreter von Gott und Göttin. Sie nehmen durch uns Form an, um ihre schönsten Eigenschaften zu verwirklichen. Lasst uns wie lebende Götter und Göttinnen über die Erde schreiten. Lasst uns fortwährend Segen bringen, um unser eigenes Dasein zu erhöhen und für die Menschen in unserem Umfeld zu strahlenden Energiefeldern des Lebens zu werden.

Mit dem bewussten und klaren Einsatz der Energie seiner Samenflüssigkeit erlebt der Mann Glückseligkeit und Fülle. Wie ein göttlicher Architekt kann er all das erschaffen, was er in seinem Leben und im Leben aller Lebewesen als verwirklichte Form sehen möchte.

10

Anrufungen und Gebete für die neuen Frauen des Lichts

Für eine Frau ist das Gebet eine Form der tiefen geistigen Verbindung, ein wirksames Mittel, um das Bewusstsein zu erhöhen und mit dem Allerhöchsten zu sprechen.
In der neuen Zeit hat sich die Art des Gebetes verändert. Die leidvolle Bitte, die Mangel und Begrenzung begünstigt, lassen wir hinter uns. Heute sind Anrufungen die kraftvollste Form, ein Gebet zu sprechen. Dabei kommen Wünsche und Hoffnungen zum Ausdruck, die von geistiger Stärke und großer Schöpferkraft getragen sind.
Eine Frau, die sich ihrer Rolle als Mitschöpferin der Göttin bewusst ist, kann diese Anrufungen überzeugend sprechen. Sie sind ein unentbehrliches Werkzeug für jede Frau, die mit dem Göttlichen verbunden sein möchte, und ein grundlegender Baustein für jede Lichtarbeiterin, die mit der kraftvollen Schwingung des schöpferischen Wortes einen Beitrag für die Erschaffung einer besseren Welt leisten will.

Die folgenden Anrufungen wurden Mutter Nah Kin in tiefer Meditation gegeben. Als eine Mutter der neuen Zeit gibt sie diese nun an uns weiter; sie entwickelt somit das Bewusstsein, mit dem wir uns auf die neue Schwingung des Planeten Erde einlassen und aktiv an diesen neuen Veränderungen teilnehmen.

Wie eine Anrufung als Gebet zu sprechen ist

Zunächst sollten wir tief einatmen, um unser Bewusstsein mithilfe des göttlichen Atems anzuheben. Dann wird unsere Stimme zu einem klangvollen, harmonischen Akkord, über den sich die Schwingungen des Lichts im Universum verteilen.

Anrufungen sollten mit *Überzeugung* gesprochen werden, damit sich die innewohnende große Kraft als die Botschaften des Lichts öffnen. Wir sollten sie uns ganz bewusst machen und mit dem festen Willen verbinden, dass sie in uns und in der gesamten Menschheit Wirkungen zeitigen.
Anrufungen sollten in einem gleichmäßigen Rhythmus laut vorgetragen werden. Geschieht dies durch eine Gruppe, lasst einen einzigen klangvollen Gruppenton entstehen. In dieser Tonfrequenz kann sich die geistige Energie der Anrufung optimal entfalten.

Der geliebte Aeolus, Vertreter des heiligen kosmischen Geistes und einer der mächtigsten geistigen Führer von Mutter Nah Kin, sagt dazu Folgendes:
»Die bewusste, kraftvolle Anrufung Gottes und der göttlichen Gesetzmäßigkeiten entlädt eine Kraft, die weit über all das hinausgeht, was das menschliche Bewusstsein erfassen kann. Es fehlen die Worte, um auszudrücken, welch große Wirkung die Kraft der Worte bei der Anrufung des Schöpfers in allen Reichen und Dimensionen hat.«

Anzahl der Wiederholungen:

- Eine gebetete Anrufung sollte mindestens 3-mal wiederholt werden. Die Zahl 3 steht für die dreifaltige Schöpferkraft. Die dreimalige Wiederholung ist deshalb am wirksamsten.
- Gebetete Anrufungen, die sich auf die weibliche Energie beziehen, sollten 9-mal wiederholt werden.
- Anrufungen des Bewusstseins der Sonne werden 13-mal wiederholt. In der Weisheitslehre der Maya ist 13 die heilige Zahl. Sie wird als 12+1 verschlüsselt dargestellt. +1 steht hier für die höchste Schwingungsebene, den Geist. Diese Anzahl von Wiederholungen aktiviert die 13 Ebenen unseres Seins ebenso wie unsere 13 Körper auf mehreren Dimensionen, die im göttlichen Licht der Anrufung in Schwingung versetzt werden.
- Die höchste Zahl von Wiederholungen ist 33-mal. Sie bezieht sich auf den vollständigen Schöpfungszyklus. Die Zahl 33 steht für die Verwirklichung des Christusbewusstseins. Sie enthält die universellen Archetypen der 20 Glyphen als Sonnensymbole und der 13 Zahlen des Maya-Kalenders, die den Initiationsweg darstellen. Die Summe aus beiden entspricht der höchsten Schöpferkraft. Damit unsere Anrufung kraftvoll wirkt, müssen wir sie also 33-mal wiederholen.

Gebet für Frauen, Mütter, Göttinnen

(Anrufung in einem kraftvollen Kreis von Göttinnen)

Im Namen der Anwesenheit der Göttin in mir
und in allen Frauen der Welt
rufe ich in diesem Kreis die Göttin Mutter an,
die Mutter Erde:
GAIA, GEA, IXCHEL, COATLICUE, TONANTZIN TLALI, NERTHUS …

Ich rufe alle Göttinnen der gesamten Welt
und aller Traditionen an:
ISIS, ATHOR, PALAS ATENEA, ARTEMISA, ERA, VESTA, FREGG, FREYA, EIR, EASTRE, TARA, DANA, IEMANYA, LAKSHMI, DURGA, SARASWATI, KALI, MERU, WALBURGA, CINTEOTL …

Ich rufe die Jungfrauen an:
VON GUADALUPE, LOURDES, FATIMA, VOM ROSENKRANZ, MONTSERRAT, DER HEILUNG, DIE GNADENVOLLE, DIE MUTTER GOTTES, UNSERE JUNGFRAU VON PILAR, DER CANDELARIA, DER BEGONA, DER UNBEFLECKTEN EMPFÄNGNIS, DER GÖTTLICHEN BARMHERZIGKEIT …

Ich rufe die Aufgestiegenen Meisterinnen an:
LADY ROWENA, LADY NADA, LADY PORTIA, KUAN YIN, MADRE MARIA, ASTREA, MARIA MAGDALENA …

Die sieben mächtigen weiblichen Erzengel:
GELIEBTER GLAUBE, KRISTALL, KLARHEIT, HOFFNUNG,
MARIA, AURORA UND AMATISTA.

Die geliebten weiblichen Engelwesen:
MITZURI und NIRISHA und alle weiblichen Schutzengel
dieser Menschheit.

Und das heilige Leben von
FEUER, WASSER, LUFT und ERDE.

[Einführung der Anrufung nur 1-mal sprechen.]

Ich bitte alle heiligen Frauen,
einen Kreis der Göttinnen zu bilden,
einen gemeinsamen Uterus göttlicher Macht.
Möge er die gesamte Menschheit
mit seiner unendlichen Liebe umarmen
und hier und jetzt allen Lebewesen
Gnade, Barmherzigkeit, Erleuchtung und Erlösung
zuteil werden lassen.

In diesem heiligen Kreis erkläre ich
die vollkommene Freiheit für alle Lebewesen,
unendliche Fülle für alle und immerwährendes Wohlergehen.
Mögen sich die Erneuerung und das kraftvolle Leben
für alle in vollkommener Gesundheit ausdrücken.
Mögen uns auch die Ordnungsstrukturen
der göttlichen Vollkommenheit zuteil werden,
mit denen uns der Schöpfer ausgestattet hat.

In diesem Augenblick erkläre ich den Wunsch,
dass jedes Bewusstsein von selbst
über das Menschliche hinaus erhöht werde,
dass alle Menschen ihre göttlichen Eigenschaften erkennen,
damit unsere biologische Struktur
mit dem ursprünglichen Licht unseres göttlichen Wesens
verschmelzen kann.

Durch die große Macht dieses heiligen Kreises der Göttinnen
gebe ich den Sieg des Lichtes bekannt,
möge er für jetzt und immer gegeben sein:
So sei es! [9-mal wiederholen]

Mütter des neuen Zeitalters

Durch die göttliche Gnade der Einheit mit der Göttin
erkläre ich mich einverstanden,
eine Mutter der neuen Zeit für diese Menschheit zu sein.
Ich öffne mein Herz und meinen Geist,
um die große Weisheit des Bewusstseins der Sonne zu empfangen,
sie als Licht auszustrahlen,
welches alle Lebewesen erleuchten
und ihnen den Weg zu ihrer vollkommenen Vereinigung
mit dem Großen Geist zeigen möge.

Ich bin mit allen Göttinnen, Müttern,
Jungfrauen und Heiligen verbunden,
bin Teil eines Kreises von göttlich-mütterlicher Ausstrahlung,
von mächtiger Schöpferenergie,

die eine neue Menschheit erschaffen kann.
Ich werde das, was das neue Wesen auszeichnet,
liebevoll in meinen Armen wiegen.
Es offenbart sich dann in seinem wahren Selbst.

Angesichts der Anwesenheit der geistigen Hierarchien,
von Kinich Ahau, den geliebten Aufgestiegenen Meistern,
den kosmischen Wesen, Engeln und Erzengeln
und allen Mächten des Universums:
Ich bin bereit, als Mutter des neuen Zeitalters
eingeweiht zu werden.
Auf dass die Weisheit des Herzens durch mich strömt
sowie die Liebe zur Veränderung
und die außergewöhnliche Feinfühligkeit,
kraft derer ich bei der Verwandlung dieser Menschheit
wirksam für die Verbreitung eines Bewusstseins von Frieden,
Liebe und Freiheit mitarbeiten kann.

Ich willige ein,
für immer im gesegneten Schoß der Göttin zu sein.
Ich bin bereit,
ihre allzeit meisterliche Ausstrahlung in mir aufzunehmen,
damit ich stets ein Leben auf höchster Schwingungsebene führe
und meine Aufgabe als Mutter des neuen Zeitalters
vollständig erfülle.
Möge die Kraft bei mir sein,
welche in meinem Herzen die Demut, die Liebe
und das Engagement für die Transformation in das neue Zeitalter
stark werden lassen.

Und gemeinsam mit allen Müttern erkläre ich:
So sei es! So ist es! Es ist vollbracht!

Unterstützung der Engel für die Mütter der neuen Zeit

Ich bitte die Engel, kraftvoll in mir zu wirken,
alle Engel, die als Gruppen im Dienst der Menschheit stehen,
sie mögen kommen, mögen kommen, mögen kommen,
heilbringend in den drei Daseinsebenen zu wirken:
der körperlichen, seelischen und geistigen,
in vollkommener Reinheit.

Mögen sie jeden Menschen mit all den guten
und vollkommenen Gaben des Schöpfers ausstatten.

Mögen alle Engelscharen gemeinsam
die Macht des Heiligen Geistes hier und jetzt bekunden,
Tugend, Schönheit und göttliche Größe entstehen lassen
und vermehren.

Als Mutter des neuen Zeitalters
nehme ich die vollständige Zusammenarbeit mit den Engeln an,
gemäß dem Plan unseres Schöpfers,
einen machtvollen Strom vollkommener Erneuerung
für die Menschheit zu erschaffen.

Möge die Kraft der Engel
die menschliche Schwingung auf die göttlichen Ebenen anheben.

Gemeinsam mit allen Engelscharen
sind wir hiermit einverstanden;
es gelte für alle Lebewesen
jetzt und für alle Zeiten.

Die Göttin in mir

Geliebte Göttin in mir, ich bitte dich, sei bei mir,
ganz und gar, in allen Fasern meines Seins.

Lass göttliches Licht meine Schönheit erstrahlen,
hilf mir, dass alle meine Entscheidungen
mit deinem heiligen Willen übereinstimmen.

Mögen alle meine Energien mit dazu beitragen,
dass göttliche Heilung über diese Menschheit komme.

Ich vertraue dir meine Seele an,
mein Herz und mein ganzes Leben.

Möge die heilige Weisheit, die du mir schenkst,
dein göttliches Reich ausbauen,
zum Wohle aller.

Ich erkläre mich einverstanden,
dass Gott-Göttin in ausgewogenem Verhältnis
in mir vorhanden sein möge.
ICH BIN LIEBE, MACHT, WAHRHEIT UND LICHT.

Für die göttliche Mutter

Geliebte göttliche Mutter,
ich bin deine Tochter, und dafür danke ich dir!
Ich hülle mich wieder in deinen Mantel.
Möge mich deine liebevolle Heilung durchdringen.

Das heilige Feuer deiner strahlenden Anwesenheit
leuchtet in meinem Wesen.

Ich bin jetzt ganz die Göttin, die ich bin,
und dafür danke ich dir.

Wo ich bin, bist du, Mutter,
für immer vereint in kraftvoller Umarmung.

Mein Licht wächst mit dem Lächeln deines Glanzes,
mit der Fülle deiner Liebe
und der Allwissenheit deiner Weisheit.

Mutter Kali

Heiß geliebte Mutter Kali,
möge deine kraftvolle und beschützende Liebe
alle Unausgewogenheiten, die mein Lichtgewand zerrissen haben,*
reinigen, auflösen und befreien.

[* Diese Anrufung kann auch für eine andere Person gesprochen werden, deren vollständiger Name dann einzusetzen ist.]

Ich bin jetzt bereit, dass dein heiliges Feuer
mich umhüllt, mich umhüllt, mich umhüllt.
Lass mein leuchtendes Kristallwesen in mir entstehen,
dass es ewiges Licht ausstrahlen möge.

Möge mich dein gesegnetes Feuer jeden Augenblick erheben
und mich stets auf die höchsten Ebenen tragen.

Ich bin dein makelloser Kelch,
verankere in mir deine übergroße Liebe.

Für die geliebte Kuan Yin, Göttin der Barmherzigkeit

Möge Gottes Frieden in allen Häusern sein.
Möge Gottes Liebe in euren Herzen sein.
Möge Gottes Weisheit in eurem Geist sein.
Mögen Gottes Kraft und Lebendigkeit
auf euch übergehen und bei euch und euren Lieben verweilen.
Mögen sich Gottes Gesundheit und Wohlergehen
durch eure Körper und in der Wahl eurer Kleidung zeigen.
Möge Gottes Gnade die Antwort eurer Verehrung sein.
Mögen Gottes Talente und Gaben
durch eure Sinne zum Ausdruck kommen.
Möge sich der große Sieg seines göttlichen Plans
durch eure Seelen beim Abschluss eures Erdenlebens zeigen.

Anrufung für die neue Zeit

Durch die Kraft Gottes in mir erkläre ich mich bereit,
dass die Kraft des Strahles der Veränderung
den Planeten Erde durchdringen
und ihn in das Licht und die Harmonie verwandeln möge,
die Gott ist.

Ich erkläre mich einverstanden,
dass sich die neue Zeit auf der geistigen, gefühlsmäßigen
und körperlichen Ebene dieser Menschheit verankert,
in meinem eigenen Umfeld
und in all dem, was mich umgibt.
Jetzt und in Ewigkeit!

Anrufung für einen kraftvollen Schutz

Durch die Kraft Gottes in mir erbitte ich
einen magischen Schutzkreis aus Sonnenlicht um mich herum
und um ... [evtl. Namen einer Person oder einer Situation],
der gänzlich unbesiegbar ist
und augenblicklich jede negative Energie abwehrt.
Ich bitte um Erhöhung meiner Schwingung
auf die Ebenen höchsten Lichtes,
wo ich ganz gesund, frei und glücklich bin.
So sei es besiegelt in göttlicher Vollkommenheit.
Jetzt und für alle Zeiten.

Innige Einheit mit Hunab Ku

Mächtige Anwesenheit des Großen Geistes Hunab Ku,
tritt in mich ein,
breite deine grenzenlose Macht in mir aus,
lass deine heilige Substanz in mich einströmen,
versorge mich mit deiner großen Fülle.
Heute und für alle Zeiten sucht mein Sein
die Glückseligkeit deiner Anwesenheit.
Möge sich mein Bewusstsein so weit ausdehnen,
dass es deine Größe wahrnehmen kann.
Möge ich mich mit jedem Schritt
deiner göttlichen Ausstrahlung nähern.
Möge jeder Schlag meines Herzens
eine Hymne voll des Lobes auf dich singen.
Mein Sein ist eins mit deinem großen Sein.
Hun Hunab Ku,
ICH BIN, DER ICH BIN,
Hun Hunab Ku.
Ich bin eins mit dem EINEN.
Hun Hunab Ku.

11

Die geistige Schulung für die Frauen der neuen Zeit

Um ihre wichtige Rolle beim Aufbau einer neuen Menschheit wahrzunehmen, muss eine Frau in Verbindung mit ihrer heiligen weiblichen Essenz treten. Die Ausstrahlung der göttlichen Anwesenheit in uns erweckt unser Bewusstsein. In diesem erwachten Zustand können wir großherzige, liebevolle, nährende und weise Dienste ausführen. Das beschleunigt die Spiralen der menschlichen Entwicklung; wir können in den Strom der neuen Zeit eintreten, so wie es schon im Altertum von den Weisen der Maya vorhergesagt wurde.

Die Menschheit ist auf dem Weg, den Sinn des »Heiligen« im Leben wiederzufinden. Wir sind der Oberflächlichkeit eines materiellen Lebens überdrüssig geworden. Es hat seine Verlockung verloren; wir haben verstanden, dass es nur zu einer Daseinsleere führt. Obwohl teilweise ungewohnt, gewinnen geistige Werte wieder an Gültigkeit. Mehr denn je ist uns heute bewusst, dass nur eine Anhebung des Bewusstseins das notwendige Gleichgewicht zu einem materiellen Leben bieten kann: ein höheres Bewusstsein, mit dem wir wirklichen Frieden, ein erfülltes und reiches Leben erfahren. Gemeinsam bieten sie uns die vollkommene Erfahrung eines umfassenden Wachstums (materiellen und gleichzeitig geistigen Wohlstand).

Aufgrund der astrophysischen Tatsache, dass unsere Sonne in Verbindung mit der galaktischen Sonne steht, wird der Planet Erde äußerst kraftvolle Energiewellen der Sonne empfangen, kosmische Energien von höchster Macht. Diese Energie wird uns mit ungeheurer Kraft auf eine neue Zeitschiene katapultieren, in einem echten zeitlichen Quantensprung. Die Annährung unserer Sonne an die Zentralsonne der Galaxie wird ihren Höhepunkt zur Zeit der Wintersonnenwende 2012 erreichen. Wir wissen also, dass wir uns unbedingt eingehend damit beschäftigen müssen, die göttlichen Eigenschaften der Frau herbeizuführen, und zwar sofort.

Das Bewusstsein der Meister (Aufgestiegene Meister, geistige Führer der Menschheit) sagt dazu: *»Die Frau ist die Mutter der neuen Zeit.«*
Daher bieten wir Intensivschulungen für Frauen an. Dabei werden wir von der großen Liebe der göttlichen Mutter, der Göttin Ixchel und dem heiligen Kreis der Göttinnen und Jungfrauen geführt. Sie alle schließen sich zu einer höheren Anwesenheit zusammen, um das umfassende Lichtgedächtnis der Frau von heute wieder zu aktivieren. Ihrem Wunsch entsprechend, sollten wir erkennen, welche großartige Gelegenheit sich uns jetzt bietet, unseren Beitrag für das planetarische Wohlergehen zu leisten.

Als Frauen erinnern wir uns gemeinsam an die hohe Kunst, lebende Göttinnen zu sein. Dank unserer großen Fähigkeit,

uns mit dem Herzen des Himmels und dem Kristallherzen von Mutter Erde zu verbinden, bilden wir die Verbindungsbrücke zwischen Himmel und Erde.
Die Zeit ist gekommen, die alten Werte der Frau des Lichts wiederherzustellen. Werden wir Mitglieder eines Frauenkreises, der entschlossen ist, die wahren weiblichen Eigenschaften zu leben und unsere wahre Rolle als Mutter, Priesterin, Medizinfrau und weise Frau wieder anzunehmen.
Allein die weise, liebevolle, kluge und weitsichtige Frau kann das Bewusstsein dieser Menschheit anheben.
Lasst uns das magische Wort »Schamanenfrau« wieder benutzen. Denn die Großmütter der alten Kulturen Amerikas sagen, *dass die Frau »die Medizin der Erde« ist.* Mit ihrem liebevollen Herzen heilt sie das Leid der Menschheit.

In unseren Schulungen (unter der weisen Leitung von Mutter Nah Kin) lehren wir Heilungsmethoden auf allen Ebenen und benutzen kraftvolle Werkzeuge für die Aktivierung der Lichtstrahlen, die Wiederherstellung der Lichtkörper durch die Neuprogrammierung der DNA usw. Diese Instrumente sind von der Weisheit der Maya inspiriert. Sie wurden für diesen Zeitpunkt des planetarischen Lebens aktualisiert.

Die alten Kulturen Nordamerikas setzten den Begriff »Schamanenfrau« mit Heilerin und Medizinfrau gleich. Das ist nur ein Teil der Wahrheit, denn jede Frau besitzt auch eine tiefe Verbindung zu den Geistwesen der Naturelemente, die gerne bei jeder Heilung mitarbeiten.
In der Sprache der Maya hat das Wort »Xaman« einen feinstofflichen Bezug und wird mit Reinheit, Weisheit und dem Geist

assoziiert. In diesem Sinn erhält das Wort seine eigentliche Bedeutung. Eine Frau wird als Schamanin oder Schamanenfrau bezeichnet, wenn sie sich dem Geist öffnet. Dann ist sie eine Frau, aus der Weisheit spricht und die mit Reinheit, Anmut und feinem Gespür handelt.

Alles in allem ist die Schamanin die vollständige Frau, die mächtige Frau, die Medizinfrau, die alte Frau der Weisheit durch ihr eigenes Wissen, sowie die lebende Göttin, die im hohen Auftrag der Liebe tätig ist. Jetzt ist der Augenblick gekommen, die Ganzheit unserer weiblichen Essenz in unser Leben einzubinden sowie unsere Fülle und Vollkommenheit wahrzunehmen.

Ausbildung zur Schamanin

Wir bieten seit 2006 geistige Schulungen zur Ausbildung als Schamanin an. Sie finden immer im Dezember in Yucatán, Mexiko, statt. Genauer gesagt: am 12. Dezember, dem Tag der Jungfrau von Guadalupe. Für die Kultur, die vor der Ankunft der Spanier bestand, ist es die Mutter Tonantzin Tlali oder Mutter Erde.

Die Schulung dauert 5 Tage und umfasst folgendes Angebot:

- Übungen zur Erweckung der heiligen weiblichen Eigenschaften
- Gruppenheilungen, um uns von alten Programmierungen zu befreien, an welche die Frauen gebunden waren
- Kraftvolle Heilungsmethoden mit hoher Wirksamkeit, die

insbesondere von Kinich Ahau, dem Aufgestiegenen Meister und Lichtbewusstsein der Sonne und der geistigen Hierarchien, angeboten werden, um in diesem wichtigen Augenblick der Menschheitsgeschichte und des planetarischen Lebens das Bewusstsein anzuheben

- Bildung von Frauenkreisen mit magischer Ausstrahlung; wir werden zum Schoß für die kollektive Schöpfung, und mit dieser vereinten Kraft meditieren wir für das Wohl des Planeten, sprechen die gebeteten Anrufungen und vieles mehr
- Rituale und Zeremonien in den Kraftzentren der Maya-Kultur
- Sehr kraftvolle Einweihungen in die 4 Elemente:
  das heilige Feuer und der Gebrauch von Rauchwerk
  die Luft, um mit Meeresmuscheln, Klanginstrumenten und Trommeln zu tönen
  das Wasser, um »Reinigungen« zu vollziehen (energetische Auraheilungen)
  die Erde, um mit den Samen die Fülle von Mutter Erde anzuziehen, sowie die Arbeit mit Blumen, Edelsteinen und Quarzen

Thema der geistigen Schulung in den Jahren
2006: »Die Rückkehr der Schamanin«;
2007: »Schamanin, Medizinfrau der neuen Zeit«;
2008: »Priesterinnen-Schulung: die Vereinigung von Himmel und Erde«.

Die Schulung wird in den nächsten Jahren fortgesetzt, bis zum wichtigen Datum der Wintersonnenwende 2012. Bis dahin spielen Frauen eine Hauptrolle: Als Mütter der neuen Zeit, mit ihrem hingebungsvollen Bewusstsein von Liebe, öffnen sie die Lichtspiralen, welche den Strom der neuen Zeit aktivieren.

Seminare mit ähnlichem Inhalt werden auch in anderen Ländern angeboten; es gibt zum Beispiel ein Jahrestreffen der Frauen in Barcelona, Spanien. Das Wissen ist allen zugänglich, die sich dafür interessieren, sowohl Teilnehmerinnen als auch Organisatoren. Bitte nehmt mit uns Kontakt über die E-Mail-Adressen am Ende dieses Buches auf.

Workshops

Außer der Ausbildung zur Schamanin bieten wir Workshops von 3 bis 4 Stunden zu besonderen Themen an. Die Teilnehmer erhalten ein sehr praktisches Wissen, das eine große Hilfe für ihre persönliche Entwicklung darstellt und das sie auch an andere weitergeben können. Folgende Themen stehen zur Auswahl:

Workshop zur Aktivierung der außersinnlichen Wahrnehmung

In dieser Zeit ist es besonders wichtig, unsere höheren Fähigkeiten zu entwickeln und eine lebendige, direkte Verbindung zu den höchsten Daseinsebenen aufzubauen: mit den geistigen Meistern, den Sternenwesen, Erzengeln usw. über die Instrumente der kosmischen Telepathie, der Hellsichtigkeit, der Hellhörigkeit, der Lichtempfindlichkeit und anderen außersinnlichen Wahrnehmungskanäle, die weit über Zeit und Raum hinausreichen.

Workshop: Die Reise mit dem Bolon-Ti-Ku

Ein Intensivseminar zur Reinigung der eigenen 9 Gedächtnisschichten im Einklang mit den Schichten von Mutter Erde. Ziel ist die eigene Reinigung und die des Planeten Erde sowie die Rückkehr zu einem reinen und klaren Bewusstsein.

Workshop über den Wesenskern der Göttin

Wir sprechen über die heiligen Weisheitsschlüssel der Göttin Ixchel. Es sind die Schlüssel zur wahren weiblichen Natur. Wir vereinen uns mit dem großen göttlichen Geist, der das Leben einer Frau umhüllt und ihr erlaubt, sich als ein göttliches magisches Wesen und als Heilerin zu zeigen.

Workshop über das Wissen für die Frau der neuen Zeit

Die Teilnehmerinnen lernen die Architektur der neuen Frau kennen: ihre zyklische Natur, die Mondphasen und ihre enge Beziehung dazu sowie die Weissagung der Maya für Frauen. Weitere Themen sind die Magie in der Sexualität der Priesterin und die Befreiung ungeborener Seelen bei einem Schwangerschaftsabbruch.

Workshop zur Aktivierung des Sonnenbewusstseins für die Lichtfrau

Die Jahre bis 2012 sind entscheidend für die Entwicklung des neuen Lichtkörpers der Menschheit. Er wird das neue Bewusstsein enthalten und bisher unvorstellbare Eigenschaften zur Entfaltung bringen. In seinem Inneren sind die Eigenschaften des Großen Geistes enthalten. Die erhöhte Lichtstrahlung unserer Sonne wird uns dabei unterstützen. Infolge der immer größeren Annäherung ihrer Umlaufbahn an die galaktische Sonne empfängt sie eine höhere Schwingung. Diese Bewegung wird im Jahr 2012 ihren Abschluss finden, wenn der Punkt der größten Nähe unserer Sonne und der galaktischen Sonne erreicht sein wird. Die höhere Schwingung wird unsere bioenergetische Struktur verändern – ein Prozess, der bereits begonnen hat. Wir können uns dafür entscheiden, an diesen Veränderungen aktiv teilzunehmen.

Über die Mutter Nah Kin

Nah Kin Eugenia Casarín

Dr. Eugenia Casarín wurde in Mexiko geboren. Von früher Kindheit an wurde sie von ihrer Großmutter Camilla, einer Heilerin und Hebamme, in die schamanische Tradition der Maya eingeweiht. Seither geht sie auf dem spirituellen »Weißen Weg« der Maya, beschäftigt sich aber auch mit dem Buddhismus und dem Christentum. Die Verbindung zu Meister Kinich Ahau, der die spirituelle Energie, den Geist der Sonne, verkörpert, setzte außergewöhnliche Begabungen in ihr frei. Nah Kin promovierte in Psychologie und hat vier Kindern das Leben geschenkt. Sie lehrt den »göttlichen Atem« und Techniken, um uns zu reinigen, von Blockaden zu befreien und Kanal zu sein für die göttliche Energie.

Die Mutter Nah Kin erleuchtet unser Herz durch ihre Liebe, die auf uns übergeht und die aus ihr wie ein lebendiger Quell sprudelt. Wenn wir die Erfahrung machen können, ihr mit offenem Geist und Herzen zu begegnen, erleben wir ihre große Weisheit, die sie mit ungewöhnlicher Natürlichkeit ausstrahlt. Durch das von ihr übermittelte Licht, die Weisheit und Liebe gelangen wir leicht in Kontakt mit dem eigenen Licht; wir können dann unser Bewusstsein auf die höchste Stufe unseres Seins ausdehnen.

Die spirituelle Mutter Nah Kin verfügt über die Fähigkeit, in Kontakt mit den höheren Ebenen, den Aufgestiegenen Meistern, den Engeln und Lichtwesen im Universum zu treten. Sie hat die Schlüsselinformationen zur Lösung unserer wichtigsten Probleme erhalten. Diese große Weisheit und weitere, wenig bekannte Informationen übermittelt sie uns in aller Klarheit, Einfachheit und Tiefe.

Als spirituelle Führerin erschafft Nah Kin ein Feld göttlicher Ausstrahlung, das alle erfasst, die in Kontakt mit ihr kommen. Sie ist tief davon überzeugt, dass sie dieses Zeitalter ohne höhere Ordnungsstrukturen in ein besseres überführen kann. Sie verbreitet ihr heiliges Wissen, um die Menschheit bei der Veränderung des Bewusstseins zu unterstützen und um gemeinsam den individuellen und kollektiven Aufstieg zu erreichen. Deshalb ist Nah Kin eine unermüdliche Lichtarbeiterin. Sie stellt eine Brücke zwischen den spirituellen Welten und unserem Planeten her. Sie zeigt uns einfache und kraftvolle Übungen, mit deren Hilfe wir tagtäglich unser Sein auf mehreren Ebenen zum Ausdruck bringen können.

Ihre Ausführungen entstammen allesamt der höchsten Stimme des Schöpfergottes und haben den Charakter ewig gültiger Schlüsselinformationen, die von den Meistern aller Zeiten bislang streng gehütet wurden, nun jedoch der Menschheit mitgeteilt werden sollen. Was sie in Seminaren weitergibt, ist ein ursprüngliches, einmaliges Wissen; es enthält Schlüssel und Werkzeuge, die der Aufgestiegene Meister des Sonnenbewusstseins Kinich Ahau entwickelt hat und die das Volk der Maya schon lange Zeit vor der Ankunft der spanischen Eroberer zum Aufstieg in höhere Dimensionen befähigte.

Nah Kin Eugenia Casarín bringt uns Kostbarkeiten von unschätzbarem Wert für den Aufstieg der Menschheit zusammen mit Mutter Erde.

Kontakte

Deutschland und Italien
Anita Mayerhofer
E-Mail: anita@mobileemail.vodafone.de

Spanien
Alberto Arribalzaga
E-Mail: arri7@yahoo.es

Organisation Kinich Ahau
mit Sitz in Mérida, Yucatán, Mexiko
E-Mail: kinichahau2013@gmail.com
genysol11@hotmail.com
Telefon: 0052 999 9459018
0052 999 9459017
Website: www.kinich-ahau.org

Nah Kin
2012 und das Kalenderwissen der Maya
€ 19,95
DVD, 73 min, deutsch
ISBN 978-3-86728-109-6

»Mit Ende des Jahres 2012 werden wir uns in eine höhere Oktave bewegen«, verheißt die Maya-Priesterin Nah Kin im Einklang mit der Weisheit ihres Volkes. Nachdem wir die Lektionen gelernt sowie die Essenz des Lebens und unser Einssein erkannt haben, sind wir reif für eine Bewusstseins- und Zeitenwende.
Nah Kin schenkt uns tiefe Einblicke in den heiligen Kalender der Maya, den Tzolkin. Darüber hinaus vermittelt sie uns Erkenntnisse, die von der Verbundenheit mit unseren Lebens-zyklen und der Natur zeugen. Sie leitet Übungen an wie die Sonnenatmung, die uns mit dem »Geist der Sonne« verbindet und sie legt uns ein machtvolles Instrument in den Schoß, um unsere Seelenschichten sowie jene der Erde zu heilen.